어린이를 위한
비전

목표를  이 루 는 힘

어린이를 위한
비전

글 임정진 그림 양은아

위즈덤하우스

추천의 글

비전을 세우는 것은
행복한 인생의 지름길입니다!

　비전을 제대로 세우지 못하는 것은 목적지 없이 길을 가는 것과 같습니다. 어떠한 길을 어떻게 가겠다고 제대로 미래에 대한 목표를 정하고 그에 맞는 길을 찾아가는 것을 '비전'이라 할 수 있습니다.

　어린 시절, 제대로 비전을 세우고, 자신이 세운 비전 목표에 따라 생활하느냐 아니면 아무런 계획도 준비도 없이 생활하느냐에 따라 어른이 된 후의 어린이 여러분의 미래는 크게 차이가 날 것입니다. 그만큼 어린 시절에 어떤 비전을 갖고 실천해 가느냐가 중요합니다.

　인생은 놀이입니다. 놀이는 놀고 일하고의 준말입니다. 행복하게 사는 사람은 일(공부)도 잘하고 놀기도 잘하지요. 《어린이를 위한 비전》은 어떻게 인생을 놀이로 만들

것인가를 명쾌하게 알려주고 있습니다.

'기타'를 배우면서 조금만 더 잘해보자, 조금만 더 잘해보자 하면서 연습을 하니까 점점 더 사는 재미를 느끼게 되는 맑음이, 피아노와 작곡을 통해서 활기차게 생활하는 루다를 통해서 비전과 목표를 스스로 세우고 노력해서 조금씩 달성해 나가는 즐거움을 말해주고 있습니다.

비전을 세울 때에는 맑음이와 루다처럼 자신이 좋아하고 하고 싶은 것이 무엇인지를 찾아내는 것이 가장 중요합니다. 그리고 자신이 할 수 있는 범위 내에서 최선을 다해 노력해 봐야겠지요?

스위스 사상가 칼 힐티는 "인생 최고의 날은 자기 인생의 사명을 자각하는 날이다"라고 말했습니다. 《어린이를 위한 비전》은 어린이들이 자신의 미래를 어떻게 설계해야 하는지, 그리고 어떤 방법으로 그 꿈을 향해 나아가야 하는지 어린이들이 충분히 고민할 수 있도록 도와줄 것입니다. 어린이 여러분도 이 책을 읽으면서, 지금 현재 자신이 가장 하고 싶은 일이 무엇인지, 그 일을 하기 위해서는 지금 당장 어떻게 행동해야 하는지 곰곰이 생각해 보길 바랍니다.

카네기연구소 대표 **최염순**

차례

추천의 글 비전을 세우는 것은
행복한 인생의 지름길입니다!_4

작가의 글 나의 별은
어디서 빛나고 있을까요?_182

vision 1
의미 있는 길 찾기

꿈은 대체 어디 있는 거지?_10
날마다 조금씩_42

vision 2
마음속 표지판 따라가기

반짝이 반창고를 붙이고_72
내 심장이 뛰어, 그걸 처음 알았어_89
한 발짝 더 가까이_114

vision 3
목적지까지 한 걸음씩

꿈은 우리를 달리게 한다_134
신나게 더 멋지게_159

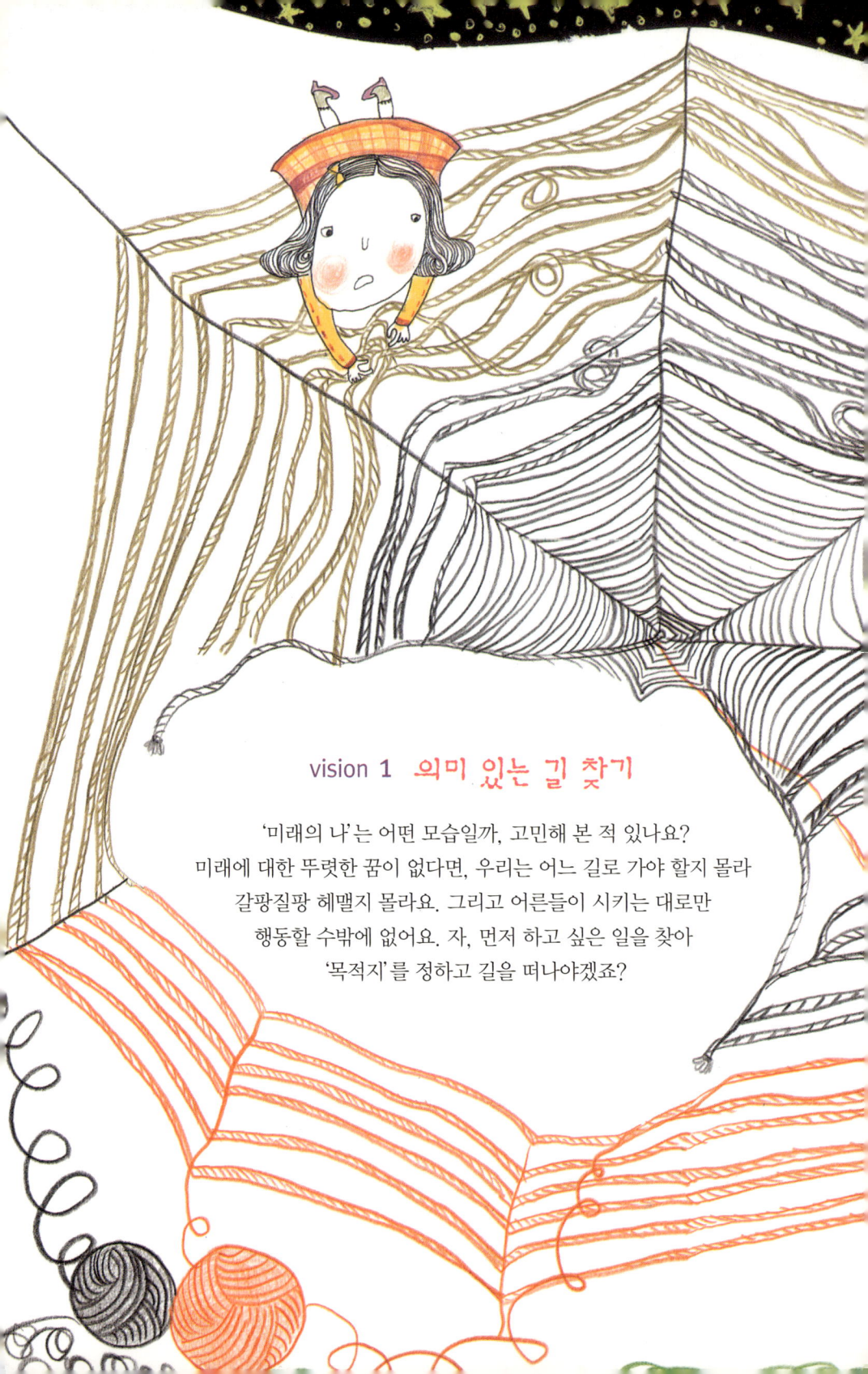

vision 1 의미 있는 길 찾기

'미래의 나'는 어떤 모습일까, 고민해 본 적 있나요?
미래에 대한 뚜렷한 꿈이 없다면, 우리는 어느 길로 가야 할지 몰라
갈팡질팡 헤맬지 몰라요. 그리고 어른들이 시키는 대로만
행동할 수밖에 없어요. 자, 먼저 하고 싶은 일을 찾아
'목적지'를 정하고 길을 떠나야겠죠?

어린이를 위한
비 전

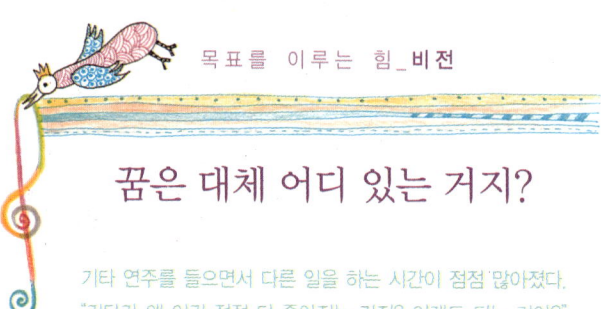

목표를 이루는 힘_비전

꿈은 대체 어디 있는 거지?

기타 연주를 들으면서 다른 일을 하는 시간이 점점 많아졌다.
"기타가 왜 이리 점점 더 좋아지는 거지? 이래도 되는 거야?"

'부르르르르!'

루다는 피아노를 치다 말고 휴대 전화를 열어 문자 메시지를 확인하고는 픽 웃었다. 맑음이었다. 맑음이가 배가 고픈 게 분명했다.

우리 엄마 너희 집에 계셔? ~。~

알았어. 책임지고 곧 귀가시켜 드리지. ㅋㅋㅋ

루다는 일단 심호흡을 하고 거실로 나갔다. 새로 구해 온 재즈

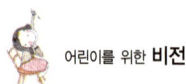
어린이를 위한 **비전**

곡 악보는 아무리 연습을 해도 확실히 제맛을 내기 어려웠다. 텔레비전에 나온 연주를 들었을 때와는 영 달랐다. 피아노 독주로 편곡하니 그런 모양이었다. 아무래도 다른 악기가 있어야 제맛이 나는 음악으로 만들어지는 곡이었다. 혼자서는 아무리 연습해도 멋진 곡을 제대로 표현할 수 없다는 걸 깨닫자 루다는 기운이 빠졌다.

다섯 살 때부터 피아노를 정말 열심히 배웠다. 그런데 몇 달 전, 이제 본격적으로 예술중학교 갈 준비를 하자는 피아노 선생님 말에 루다는 화들짝 놀랐다. 피아니스트가 되고 싶은 건 아니었다. 그래서 개인 지도를 그만두었다. 하지만 피아노로 다양한 곡을 맘대로 연습하니, 피아노 치는 게 더 즐거웠다. 피아노 뚜껑을 닫고 거실로 나왔다.

맑음이 엄마는 거실 한쪽에서 루다 엄마에게 뜨개질 책에 나온 새로운 기법을 온몸으로 설명하고 있었다. 맑음이 엄마는 뭘 해도 그랬다. 남들이 손이나 입으로만 하는 일도 맑음이 엄마는 온몸으로 했다. 루다는 웃음이 나왔다.

'두 분은 참 잘도 노신다니까.'

루다는 속으로 중얼거리면서 탁자를 톡톡 두드렸다. 뜨개바늘을 들여다보던 두 엄마가 화들짝 놀라며 루다를 바라보았다.

"아줌마, 맑음이 배고프다고 문자 왔어요."

"어머 어머. 지금 몇 시니? 아니, 맑음이는 왜 문자를 엄마한테 안 보내고 너한테 보내니?"

"아마 보냈을걸요?"

맑음이 엄마는 허둥지둥 가방 안에서 휴대 전화를 꺼내더니 환하게 웃었다.

"엥? 언제 이렇게 여러 번 보냈지? 몰랐네. 어머, 근데 루다야. 넌 키가 또 컸니? 우리 맑음이는 왜 키가 안 크나 몰라. 한약을 먹여 볼까. 키가 안 커서 인기도 없나 봐. 여자애들이 우리 맑음이는 생일에 초대도 안 한다잖아."

루다가 웃음을 참으며 설명했다. 솔직히 말해서 맑음이는 여자애들에게 인기 있는 남자아이는 아니었다.

"그거는요. 특별히 인기 있는 남자애만 초대받는 거고요. 대개의 남자애는 초대 못 받아요."

"아니 그러니까 말이야. 왜 우리 맑음이가 그 특별히 초대받는 인기 남자 친구가 아니냔 말이지. 이해가 안 돼요. 우리 맑음이 정도면 괜찮은 애 아니니?"

"뭐, 그게. 저기."

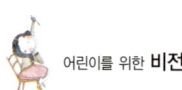

꿈은 대체 어디 있는 거지?

맑음이 엄마는 뜨개질 도구를 챙기면서 일어섰다.

"아차, 맑음이 엄마! 다음 달부터 주민 센터에서 하는 벨리댄스 배우러 갈래? 뱃살 빼는 데는 그게 최고래."

"그래? 생각해 보고. 이따 전화할게."

맑음이 엄마 말에 루다는 뒤돌아서 웃었다.

'아, 정말 이 두 엄마는 못 말린다니까. 3시간이나 수다를 떨고 아직도 할 말이 또 남다니. 대단해.'

현관문을 닫으려는데 맑음이 엄마가 소리쳤다.

"참 루다야, 네가 치는 피아노 소리, 정말 좋다야."

루다는 피식 웃었다. 맑음이 엄마는 적절할 때 딱 필요한 칭찬을 해 주는 재주가 있었다.

루다는 가끔 먼 동네로 이사를 하면 좋겠다는 생각을 했다. 맑음이 엄마와 루다 엄마가 너무 친해서 불편한 점이 많았다. 집에서 일어난 일들이, 비밀이 지켜지는 게 없었다. 루다는 그래서 맑음이를 볼 때마다 눈치부터 살폈다. 루다는 맑음이와 어릴 적부터 친구이긴 하지만 집안에서 한 실수까지 맑음이가 아는 건 싫었다. 엄마가 맑음이 엄마에게 모든 걸 이야기하는 바람에 맑음이가 루다의 모든 약점을 알게 되는 건 정말 끔찍했다.

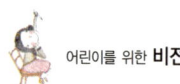

뜨개질실과 바늘, 뜨개질 책 들을 보며 루다는 엄마에게 웃으며 물었다.

"엄마, 이번엔 몇 달짜리야?"

"뭐가 몇 달이야?"

"뜨개질 말이야. 지난번 꽃 말려서 하는 압화는 석 달이었고, 일어 배우는 건 넉 달이었나? 그리고 테디 베어 만드는 건 다섯 달쯤 했고. 아직도 그거 재료 남은 거 어디 있을 텐데."

루다의 말에 엄마 얼굴이 갑자기 굳어졌다.

"너 지금 엄마 놀리는 거니?"

"아니 그냥 궁금해서."

루다는 엄마가 더 화나기 전에 얼른 화장실로 들어가 버렸다. 이럴 땐 대화를 빨리 끝내는 게 좋은 방법이다.

루다는 괜히 손을 씻으면서 중얼거렸다.

"나더러는 뭘 하면 끈기 있게 하라고 그러면서! 아~, 정말 이해할 수 없다니까."

루다는 손을 다 씻고도 밖으로 나가는 게 안전한지 알 수 없었다. 어떨지 몰라 문을 조금만 열고 문틈으로 내다보았다.

"얼른 장 봐 올게. 숙제해라."

현관문이 닫히는 소리가 들렸다.

'휴~, 살았다.'

루다는 욕실에 걸려 있는 휴지 걸이 덮개를 슬쩍 잡아당겼다. 레이스가 잔뜩 붙은 덮개는 엄마가 취미 봉제반에 다닐 때 만들었다. 루다는 매일 덮개를 조금씩 잡아당겨서 찢어 버리려 했다. 뭘 있는 대로 갖다 붙이면 더 멋지다고 생각하는 엄마의 취향이 영 못마땅했다.

루다네서 급하게 달려온 맑음이 엄마는 집에 들어오사마사 쌀통에서 쌀을 꺼냈다. 맑음이는 엄마 등 뒤에서 급하게 소리쳤다.

"엄마, 내가 쌀은 씻어 놓았어요."

"정말? 아이고, 우리 아들 착하다. 그런데 하는 김에 전기밥솥에 넣고 스위치도 누르지 그랬니?"

맑음이는 주먹으로 자기 가슴을 쿵쿵 쳤다.

'하여튼 여자들은 뭘 해 주면 고마운 줄을 모르고 또 다른 걸 바란다니깐.'

"아차, 너 루다가 그러는데 여자애들한테 진짜 인기가 없다며? 왜 그런다니. 걱정이다. 너희 아빠는 안 그랬는데, 넌 왜 그러니. 쓸데없이 이 여자 저 여자에게 친절한 것도 비호감이야. 남자는 말이지, 약간 카리스마가 있어야 멋져 보이는 거야. 하긴 뭐

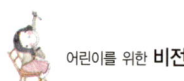
어린이를 위한 비전

공부를 잘해 봐라. 인기도 절로 생기지."

맑음이는 더 듣기 싫어서 방으로 들어가 버렸다. 딱 정해진 여자 친구가 없는 건 그렇다 치고, 여자아이들에게 전반적으로 인기가 없는 건 진짜 좀 기분이 나쁘긴 했다.

맑음이는 밥 먹기 전에 기분도 풀 겸, 음악이나 들으려고 유튜브에 올라온 영상들을 이것저것 들여다보았다. 그런데 이상하게도 노래보다도 노래 뒤에 흐르는 기타 반주들이 자꾸 귀에 파고들어 왔다. 그래서 앞에 선 가수보다 뒤에 선 기타리스트들을 자꾸 보게 되었다.

그러고 보니 기타 소리가 없는 노래가 별로 없었다.

'기타가 굉장히 중요한 악기네. 음.'

맑음이는 아예 기타 연주 영상들만 찾아보기 시작했다.

"맑음아, 밥 먹어. 너 좋아하는 연어다."

엄마의 외침에 식탁으로 가면서도 기타 소리가 들리게, 소리 크기를 올려 놓고 방에서 나왔다.

며칠 간 기타 연수를 골라서 듣다 보니, 점점 더 기타 소리가 좋아졌다. 맑음이는 기타리스트들의 이야기가 나온 글을 찾아서 읽기 시작했다. 어떤 기타리스트가 이렇게 말했다.

'연습은 없다. 난 연주할 뿐이다.'

맑음이는 그 문장에 눈길이 꽂혔다.

'연습이라고 대강 하지 않는다는 말이겠지. 우아! 이거 정말 멋진걸.'

맑음이는 우선 엄마보다 아빠에게 기타 얘기를 꺼내보기로 했다. 엄마는 음악 실기 시험에 기타가 나오면 모를까, 기타 배우는 걸 쉽게 허락할 사람이 아니었다. 아빠가 젊었을 때는 기타를 메고 친구들과 야외로 놀러 갔다는 말을 들은 적이 있다. 맑음이는 저녁을 먹고 난 후 용기를 내서 신문을 들여다보는 아빠에게 슬

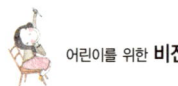

그머니 다가갔다.

"아빠, 있잖아요."

"응, 용돈 떨어졌어?"

"그건 아니고요. 아빠가 예전에 기타 치면 엄마가 그 기타 소리 좋아했어요?"

"암, 당연하지. 엄마가 내 기타 솜씨에 홀딱 반해서 아빠랑 결혼한 거지."

"정말이에요? 그렇게 잘 쳤어요?"

"대학 다닐 적에는 꽤 잘 쳤지. 하, 그때는 정말 인기 좋았지. 여학생들이 줄줄 따라다녔다니깐."

"나도 기타 칠 수 있을까요?"

"연습하면 되지. 북한 어린이들 공연하는 거 보니 여섯 살 된 어린이들도 잘만 치더라. 기타 연주하고 노래 좀 곁들이면 여자들이 정말 좋아한단다. 이건 내가 우리 맑음이 16살 되면 가르쳐 주려고 한 비법인데, 하하하."

아빠는 옛 생각이 나는지 흐뭇한 미소를 지으면서 맨손으로 기타 치는 흉내를 냈다.

"아빠 기타 아직도 있어요? 이사 올 때 엄마가 치지도 않는데 버리라고 하던데."

"저 벽장 속에 있을 거야. 그래 봬도 그 기타가 꽤 좋은 거야. 아깝게 왜 버리겠냐?"

맑음이는 침을 꿀꺽 삼키고는 물었다.

"그 기타 제가 쳐도 돼요?"

아빠는 조금 놀란 듯 보였지만, 곧 기쁜 목소리로 대답했다.

"기타를 치고 싶어졌냐? 역시 내 아들이군. 그래라. 물려주마. 내일 기타 줄 사 오마."

다음날 아빠는 정말 새 기타 줄과 작은 조율용 피리를 사 들고 일찍 들어왔다. 엄마가 돌아올 시간이 1시간쯤 남아 있어서 아무

걱정 없이 벽장에서 기타를 꺼냈다.

　먼지를 털어 잘 닦고 기타 줄을 새 걸로 갈고 나니 새 기타를 받은 기분이었다. 맑음이는 손가락이 근질거리고 가슴도 벌렁거리는 기분이었다. 당장 기타로 멋진 곡을 띵띠리딩딩띵 칠 것만 같았다.

　아빠는 오랫동안 줄을 조이고 풀면서 음을 맞추었다.

　"오래 안 썼더니 영 소리가 안 좋구나. 자주 연주하면 소리가 더 좋아질 거야."

　"정말요?"

　"기타가 얼마나 예민하지 아니? 매일 돌봐 주면 더 좋은 소리를 낸단다."

　"그러면 매일 아빠가 가르쳐 줄 거예요?"

　"아빠는 거의 매일 늦게 오잖아. 인터넷으로 기타 배우는 교실이 있다더라. 그걸 보면서 연습해. 아빠는 주말에 가르쳐 줄게. 그런데 엄마가 너 기타 친다고 하면 좋아하려나?"

　"어렵겠지요?"

　맑음이 표정이 조금 어두워졌다.

　엄마가 기타 배우는 걸 싫어하고 기타를 뺏는다면 그것도 골치 아픈 일이었다. 일단 엄마가 오기 전에 기타를 다시 벽장 안에 넣고 아빠와 작전을 세웠다.

"그게 말이지, 엄마가 은근히 낭만적인 데가 있거든. 네가 엄마 좋아하는 곡을 하나 칠 때쯤 돼서 짠~, 하고 엄마 앞에서 연주하면 엄마가 다 허락할 거야."

"좋아요. 알았어요."

인터넷 기타 교실 수강료는 아빠가 결제해 주었다.

"악기는 말이지. 잠깐이라도 매일 연습하는 게 중요해. 그래야 손이 기타에 익숙해지거든."

"당연하죠. 매일 연습할 거예요."

"그래. 기타랑 손가락이 매일 만나게 해 줘야 서로서로 알아본단다. 매일 연습하기, 쉬지 않기, 말은 간단한데 진짜 하기는 어렵지. 뭘 해도 그래. 어떤 기술이든지 매일 연습하는 사람이 결국은 성공하는 거야. 노력을 이기는 장사가 없다. 대강 하다가 말 거면 시작하지 말고."

"저도 그런 거는 다 알아요."

맑음이는 아빠가 자신을 시험하고 있다는 생각이 들었다. 갑자기 오기가 불끈 솟았다.

'아니 아빠는 대체 날 어떻게 생각하고 계신 거야? 내가 뭐 그렇게 헐렁헐렁하게 보이시나? 두고 보시라고요. 기타로 사람들

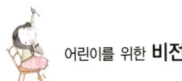

마음을 뒤흔들 테니.'

맑음이는 우선 하루 30분은 꼭 연습할 것을 결심했다. 기타를 잘 쳐서 유명한 사람이 된다는 게, 쉬운 일이 아니란 것쯤은 알고 있다. 아빠에게 조율할 때 쓰는 작은 피리도 받고 나자, 금방 기타리스트가 될 것만 같았다.

맑음이는 다음날부터 엄마가 나가고 없을 때, 기타를 꺼내서 인터넷 기타 교실에서 가르쳐 주는 대로 코드를 배우기로 했다. 하지만 막상 기타 연습을 시작해 보니 엄마 몰래 연습을 한다는 게 생각처럼 쉽지는 않았다. 게다가 손가락도 무척 아팠다.

엄마가 매일 루다네 가서 뜨개질하는 시간이 고마워졌다. 루다네 엄마가 오전에 골프 연습하러 가서 두 엄마의 뜨개질 시간은 오후였다. 그나마 다행이었다. 엄마는 맑음이에게 간식을 주고 나가서 1시간 반쯤 있다가 돌아왔는데 그때가 바로 맑음이의 기타 연습 시간이었다.

영어 학원 숙제로 단어를 외우면서 손가락으로는 코드 연습을 하기도 했다. 나중엔 손가락이 꼬이는 기분까지 들었다. 엄마가 나갈 때마다 맑음이는 기뻐하면서 인사했다.

"엄마, 아무 걱정하지 말고 잘 다녀오세요. 저는 숙제 잘 하고 있을게요."

"음. 너 요새 수상하다. 엄마가 어디 나가는 걸 아주 좋아한다. 너 어디 나가지 말고 집에서 공부해. 알았어?"

"네 걱정 마세요. 나가 봐야 같이 놀 애들도 없습니다요."

"너 인터넷 게임만 줄곧 하는 거 아니지?"

엄마는 맑음이를 자주 의심했다.

"어마마마. 그 문제는 벌써 다 합의 봤잖아요. 주말에만 한 시간씩. 저도 약속하면 지키는 아들입니다요."

"그래. 널 믿는다. 맑게 살라고 이름도 맑음이로 지었잖니. 우중충하게 누구 속이고 그러지 마라."

맑음이는 속으로만 혀를 살짝 깨물었다. 하지만 크게 엄마한테 미안하지는 않았다.

'하루 한 시간쯤은 자기가 하고 싶은 걸 하고 살 수 있는 거 아닌가? 내가 뭐 나쁜 죄를 짓고 교도소에 갇힌 못된 죄수도 아닌데 말이야. 괜찮아, 괜찮아, 난 괜찮아. 나중에 기타 잘 치는 모습 보여 드리면 엄마도 좋아하실 거야.'

일요일에는 엄마가 성당에 가고 없을 때 아빠에게 개인 지도도 받았다. 서툴지만 조금씩 쉬운 곡을 칠 수 있게 되었다. 다행히도 쉬운 코드 몇 개만으로도 연주할 수 있는 곡들도 있었다. 가끔 아

어린이를 위한 **비전**

빠가 엄마 모르게 지나가듯 물었다.

"잘 돼 가니?"

맑음이는 그 때마다 암호를 대듯이 연습하던 코드를 말했다.

"G7. 근데 조율이 안 돼서요."

코드를 익히는 것도, 조율하는 것도 쉽지 않았다. 새 코드를 연습하다 보면 전에 연습한 것들이 또 헷갈렸다. 산 넘어 산이라는 말이 무언지 알게 되었다. 그런데 기타 연습을 하다 보니 점점 기타 소리에 빠져들었다. 그래서 연습을 하지 않을 때도 기타 연주를 들으면서 다른 일을 하는 시간이 점점 많아졌다.

"아아, 이거 나 왜 이런 거야? 기타가 왜 이리 점점 더 좋아지는 거지? 이래도 되는 거야?"

멋진 기타리스트의 연주를 들으면 부럽다가 어떻게 저렇게 쳤을까 궁금하다가 무슨 코드인가 생각해 보게도 되었다. 언젠가 저렇게 사람들의 가슴을 저미는 연주를 하게 된다면 정말 멋지겠다는 생각을 하면 연습 시간을 더 늘려야 할 것 같았다.

'친구들아. 기다려라. 내가 기타리스트 맑음이가 되어서 너희를 다 놀라게 할 거다.'

날이 점점 더워졌다. 허둥지둥 기말고사를 치르고 나니 방학이었다. 루다는 방학 특강 중에서 고민 끝에 글쓰기 교실에 신청서를 냈다. 미국 대통령 후보 중에 스스로 연설문을 작성한 사람의 연설이 더욱 인기를 얻는다는 기사를 보니, 글쓰기를 잘하는 것이 굉장히

중요하게 보였다. 피아노를 칠 때 머릿속에 여러 생각이 떠오르는데, 그걸 글로 써도 멋지겠다는 생각이 들었다.

맑음이는 만화책 대신 악보를 들여다보는 시간이 점점 늘어났다. 악보를 보는 건 엄마가 집에 있을 때도 가능했다. 방학을 하면 더 많은 시간 동안 기타 연습을 하고 싶었다. 어떻게 하면 좋을지 궁리하고 있는데 엄마가 맑음이를 불렀다.

"루다는 글쓰기 교실에 다닌다더라. 너도 그거 신청하지 그러니? 너 글 잘 못 쓰잖아. 요새는 성공하려면 글도 잘 써야 하는 세상이잖니."

맑음이는 엄마의 말에 와락 짜증이 났다.

"엄마. 제발 루다 좀 그만 신경 써. 나는 나고 루다는 루다지. 우리가 왜 만날 같은 걸 해야 하는데? 아예 나 말고 루다를 기르지 그래?"

"아니, 뭐 꼭 그런 건 아니고. 너희 어릴 적에는 문화센터도 같이 가서 종이접기도 하고 영어뮤지컬도 하고 그랬잖아. 혼자 하는 거보다 심심하지도 않고."

"심심하긴 누가 심심해요. 다 악몽 같다고요. 맑음아, 루다 좀 봐라. 루다는 이렇게 잘 했네. 맑음아, 너도 루다처럼 저렇게 해 봐라. 아주 지겹다고요."

"아니 내가 언제 그랬다고."

당황한 엄마 얼굴이 더 크게 보였다.

"엄마야 기억도 안 나겠지. 루다는 루다 길이 있고 나는 내 길이 있어요. 엄친아, 아주 밥맛이야."

맑음이는 방으로 들어와 보란 듯이 수학 문제지를 펼쳤다. 머리 좋고 예의 바르고 착하고 잘 생기고 여러 재능도 뛰어난 엄마 친구 딸이나 엄마 친구 아들, 줄여서 친구들은 엄친이라고 불렀다. 게다가 그 엄친아가 한 동네 살고 매일 그 두 엄마가 만난다는 건 정말 비극 중의 비극이었다. 루다가 싫다는 건 아니고, 루다가 좋은 애인 것은 알지만 정말 한 동네에서 살고 싶지는 않았다. 루다가 문제가 아니라 두 엄마가 너무 친한 게 문제였다. 게다가 이번엔 한 반이었다. 정말 운이 없어도 이렇게 없을 수가 있을까.

'자다가 봉창 두드리는 소리지. 글쓰기 교실은 뭐람.'

그렇게 중얼거리다 생각해 보니, 일단 방학 때도 어딘가를 나가는 핑계가 자주 있는 게 좋을 것 같았다. 학원은 안 가면 엄마에게 연락이 가지만 학교 방학 교실에서 그러지는 않을 것이다. 그러니 기회를 봐서 글쓰기 교실에 간다고 하고, 기타를 들고 나

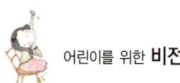

와서 연습을 할 기회가 생길 수도 있겠다는 생각이 들었다. 기타를 미리 어딘가 숨겨 두고 글쓰기 교실 간다고 나와서 연습하는 것이다. 구체적으로 어떻게 어디서 연습할 수 있을지 알 수 없었지만 일단 어딘가 공식적으로 나갈 일이 있는 게 중요했다.

'좋아. 효도하는 셈 치고 나도 글쓰기 교실에 간다.'

루다는 엠피스리(MP3) 이어폰을 빼면서 글쓰기 교실에 두리번거리며 들어섰다. 다행히도 에어컨을 켜서 덥지 않았다. 4, 5, 6학년이 다 모여서 모르는 얼굴이 많았다. 1, 2, 3학년은 다른 교실에서 모인다고 했다. 지겨운 맑음이 얼굴도 구석에 있었다.

"어서들 와요, 날 만나서 반갑지요?"

글쓰기 교실의 강사는 정말 오랜만에 남자 선생님이었다. 학교에 오는 특강 강사 중에 남자 선생님은 정말 드물었다. 이름은 박민후고, 인터넷에서 쓰는 별명은 호랑나비라고 했다. 여자아이들보다 남자아이들이 더 좋아하는 눈치였다.

"호랑나비요?"

몇몇 아이들이 피식 웃었다.

"호랑이처럼 강하고, 한편으로는 나비 날개처럼 부드러운 남자라는 뜻으로 지은 이름입니다. 호랑이가 되느냐 나비가 되느

냐는 여러분에게 달렸겠지요."

그 말에 웃던 아이들이 다시 긴장했다. 저런 식으로 말하는 선생님들은 좀 피곤하다. 첫 시간은 마인드맵 그리는 것만 연습했다.

"다음 시간은 여러분이 어떤 사람인지 소개해야 합니다. 그런데 조건이 있어요. 글과 말 이외의 방법으로 소개해야 합니다."

"네?"

아이들이 모두 놀랐다. 당연히 글로 써 와서 발표하라고 할 줄 알았는데 글과 말을 빼라니. 게다가 아무리 첫 시간이긴 하지만 학생들에게 꼬박꼬박 존댓말을 하는 것도 루다는 좀 이상하게 느껴졌다. 좀 무섭다는 생각도 들었다.

"여러 가지 아이디어가 있을 겁니다. 우리의 표현 방법 중에 제일 편한 게 말과 글이거든요. 그걸 빼고 표현해 봐야 정말 말과 글이 얼마나 소중한 도구인지 깨닫게 되지요. 그리고 나는 여러분의 창의력이 어느 정도인지 보고 싶기도 합니다. 창의력은 글 쓰는 데만 필요한 게 아니지요. 어떤 일을 해도 창의력은 필요한 것이니 자꾸 창의적인 생각을 하는 버릇을 갖는 게 좋아요."

한 반 친구인 연주가 교실에서 나오면서 루다에게 말했다.

"이번 특강은 뭔가 재미날 거 같지 않니?"

"글쎄. 난 좀 피곤할 거 같은데?"

"만날 논설문만 쓰라고 하지는 않을 거 같아. 난 논설문 쓰는 게 정말 싫거든. 동시 쓰기만 하면 좋겠어. 난 시인이 될 거거든."

"시인이 된다고?"

루다는 좀 놀랐다. 연주와 친한 편이었지만 그런 말은 처음 들었다.

"세상에서 제일 멋진 직업이 시인 같아. 그렇지 않니?"

"글쎄. 멋지긴 한데 시인도 직업이니?"

"아, 물론 시를 써서 생활비를 벌기는 어렵겠지. 하지만 세상 사람들 마음을 뒤흔드는 그런 시를 쓸 거야. 언젠가 꼭."

"멋진 생각이다."

루다는 조금 어리둥절했다. 연주가 그런 생각을 하는 친구인지 정말 몰랐다. 연주가 시인이 된다면 어떤 시를 쓸까 궁금하기도 했다.

"그런데 자기소개는 어떻게 할 거야? 시로는 안 되잖아."

루다의 물음에 연주가 배시시 웃었다.

"시는 안 되지만 시적인 방법을 다 생각해 놓았어."

연주는 자신 있게 말하고는 오카리나 교실로 가야 한다면서 2층으로 올라가 버렸다.

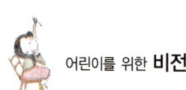
어린이를 위한 **비전**

'오카리나 연주로 표현하겠군. 난 어쩌지?'

방학 특강은 일주일에 세 번이나 수업이 있었다. 생각할 시간이 그리 많지 않았다. 루다는 온종일 고민하다가 영어 학원에 다녀와서야 허겁지겁 앨범을 꺼냈다.

"그건 왜?"

빨래를 서랍장에 넣으러 루다 방에 들어 왔던 엄마가 같이 앨범을 들여다보았다.

"아유, 예쁘기도 하지. 우리 루다가 이 때 정말 예뻤지. 애교도 많이 떨고. 명절이면 모인 친척들이 너 한번 안아 보려고 줄을 서야 할 정도였지. 말은 또 얼마나 또박또박 잘하던지. 네가 한마디 하면 모두 손뼉을 치며 좋아하고 놀라고 그랬지."

루다도 알고 있었다. 기억하지는 못하지만 하도 여러 사람에게 그런 이야기를 들어서 눈에 선할 정도였다.

"그런데 갑자기 앨범은 왜? 미니 홈피에 올리려고?"

"엄마, 엄마 딸은 그런 미니 홈피에 쓸데없이 공들이는 타입 아니거든. 처음이니까 정말 제대로 된 걸 보여줘야 한다고요."

"뭔데?"

"자기소개. 글쓰기 반에서 할 거야."

"어머, 그러면 사진 새로 찍어줄까? 가만 엄마 디카는 똑딱이라서 안 되고. 아빠 디카 좋은 거 꺼내 올게. 아무래도 그게 더 잘 나오지."

"아냐. 어릴 때 사진 가져가면 돼."

"그래? 그러면 태어날 때 사진이랑 백일, 돌, 두 살, 세 살, 다섯 살, 일곱 살. 뭐 이런 식으로? 수영복 입은 사진만 고르면 어떨까?"

"엄마는……, 지금 미인 선발대회 하는 거 아냐."

"확 눈에 띄려면 그런 방법도 괜찮지 뭐. 어릴 때 사진인데 어떠니."

"싫어요. 수영복은. 엄마는 내가 그렇게 한다고 해도 말려야 하는 거 아냐? 하여튼 우리 집은 이상하다니깐."

루다는 표정별로 사진을 골랐다. 슬퍼 보이는, 즐거워 보이는, 화난, 졸린, 놀란, 우는 표정들을 골랐다. 다행히도 사진을 잘 찍는 아빠 덕에 다양한 표정의 사진이 있었다.

해바라기로 밑그림을 그린 다음, 그 사진들을 빙 돌아가면서 붙였다.

'이 정도면 나를 알아보겠지. 말, 글 빼면 사진이지 뭐.'

사진을 붙이다 보니 어느새 밤 11시가 되었다. 침대에 눕는 순

간, 갑자기 루다는 머릿속에 새로운 생각이 퍼뜩 떠올라 벌떡 일어났다.

"아, 그거였어. 동영상! 미치겠다. 어휴."

대체 왜 그 간단한 생각을 못 했을까. 말은 안 해도 음악을 넣고 여러 모습을 보여 주는 방법인데 왜 그 생각을 못 했을까. 피아노를 직접 쳐서 배경 음악을 깔아도 좋을 뻔했다.

루다는 자기 머리를 주먹으로 몇 번 쥐어박았다. 하지만 이제 너무 늦어 버렸다. 그냥 사진 붙인 포스터로 때워야만 했다. 제발 다른 아이들이 재미없는 것들을 가져오기를 바랄 뿐이었다.

"경훈이, 자신을 멋지게 설명해 보세요."

선생님의 말에 경훈이가 큰 여행 가방을 하나 끌고 나왔다. 경훈이는 일단 진짜 강아지를 꺼내어 우리에게 만져 보게 했다. 그리고 가방 안에서 여러 가지 물건을 꺼내 보여 주었다. 강아지는 어리둥절한지 자꾸 깽깽거렸다.

금으로 된 돌 반지, 아기 신발, 유치원 졸업 앨범, 세뱃돈 봉투, 독도 사랑 저금통장, 농구공 그리고 포크였다.

친구들은 경훈이의 물건들을 보며 수군거렸다. 마지막으로 꺼낸 포크를 보고는 경훈이 반 아이가 으하하 웃음을 터트리면서

소리쳤다.

"저건 경훈이의 목숨 줄이에요. 급식을 먹을 때 저 포크를 들고 다니면서 친구들 반찬을 다 뺏어 먹거든요."

경훈이의 발표가 끝나고 강아지가 박수 소리에 놀라서 오줌을 쌌다. 경훈이는 그걸 치우느라 바빴지만, 선생님의 칭찬을 받고는 표정이 밝았다.

루다는 더욱 초조해졌다. 이런 식으로 발표 시간에 다른 친구들 아이디어에 밀리는 일은 처음이었다. 자신이 소중하게 여기는 물건들을 보여 주면서 자기를 소개하는 방법은 정말 멋졌다. 루다는 자신의 사진 포스터를 꺼내기도 싫어졌다.

그 다음에 나온 6학년 언니는 장구를 가져왔다. 장구를 보고 다들 그 언니가 사물놀이 장단을 연주하나 보다 기대했다. 그런데 치마를 걷으니 운동복 바지가 나왔다. 언니는 칠판 아래에 척 눕더니 장구를 발로 돌리기 시작했다. 다들 놀라서 '어어어, 어머 어머' 소리만 했다. 그러다가 아이들이 손뼉을 치자, 그 소리에 맞추어서 장구를 돌렸다.

"뭐야, 곡예단이야?"

연주가 웃으며 손뼉을 쳤다. 아무튼 재미난 방법이었다. 자신을 설명한 건 아니지만, 인상은 확실하게 박혔다. 난 이런 것도 하는 사람이야, 그런 뜻이라면 자신을 설명하는 방법이기도 했다. 루다는 점점 자신이 쪼그라드는 기분이었다.

"연주야, 넌 뭐 준비했어?"

연주도 멋진 걸 준비했으면 어쩌나 걱정이 되었다.

"난 간단한 거로 준비했지."

연주는 더 자세히 설명하지 않고 그렇게만 대답했다.

4학년 남자 아이가 나와서는 무언극으로 무언가를 열심히 표현했다. 솔직히 뭔지 이해할 수는 없었지만 그래도 괜찮아 보였다. 맑음이는 자기가 좋아하는 음악을 자르고 이어 붙여서 아주 이상하고 우스꽝스러운 음악으로 편집해 왔다. 그리고 그 음악에 맞춰서 춤을 추었다. 무언극 한 애처럼 맑음이의 춤도 대체 무슨 의미인지 알 수 없었다. 성의 없어 보이기도 했지만 나름대로 재미는 있었다.

드디어 연주 차례였다.

"박연주, 준비한 거 갖고 앞으로 나오세요."

호랑나비 선생님의 말에 연주가 루다 손을 잡아끌고 앞으로 나

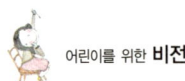

갔다. 누구보다도 루다가 제일 놀랐다.

"야, 뭐야?"

루다가 연주 손을 뿌리쳤다. 호랑나비 선생님은 둘을 번갈아 보더니 루다에게 서 있으라고 손짓을 하고는 연주에게 물었다.

"이 친구는 왜 데리고 나온 거예요?"

"친구를 보면 그 사람을 알 수 있다고 하잖아요. 이 친구, 저랑 제일 친한 친구예요."

루다는 기가 막혀서 피식 웃었다. 하지만 연주는 자랑스럽게 자기 턱을 쳐들고는, 기가 막혀서 입술이 찌그러진 루다를 한 바퀴 핑 돌려서 친구들에게 보여 주었다. 아이들은 휘파람을 불기도 하고 '우~', 하면서 야유도 하고 즐거워하며 박수를 보냈다.

맑음이는 그걸 보고는 너무 부러웠다. 간단하면서 멋진 방법이었다.

'아. 내가 저걸 했어야 인기를 좀 얻어 보는 건데 아깝다. 아, 분하다.'

맑음이는 인기를 얻으려면 머리도 좋아야겠다는 생각이 들자 한숨이 나왔다. 여자애들에게 인기를 얻는 건 역시 어려웠다. 춤출 때 여자애들의 표정을 보니 약간 한심해하는 표정이었다.

연주랑 같은 아파트에 산다는 형석이는 자기가 그동안 모은 피규어라면서 작은 모형 인형을 가져왔는데 40개가 넘었다. 그걸 하나하나 조심스럽게 꺼내서 아이들에게 보여 주고는 들어갔다. 드디어 루다 차례가 되었다.

"이루다."

"죄송합니다. 저는 준비를 못 했어요."

호랑나비 선생님은 무척 실망한 얼굴이었지만 더는 꾸중하지 않았다. 어차피 다른 아이들 발표할 시간도 모자랐다. 루다는 도저히 자기의 평범한 포스터를 꺼낼 수가 없었다. 차라리 숙제 안 해 온 아이가 되는 게 나았다.

앞자리에 앉은 연주가 자기 얼굴을 손가락으로 가리켰다.

'흥. 널 데리고 나가라고? 싫어. 누구랑 똑같이 하는 건 안 해. 이번엔 내가 졌어. 인정해. 하지만 앞으로는 안 그럴 거야.'

루다는 입술을 깨물었다. 책상 서랍 속으로 손을 넣어 준비한 포스터를 갈기갈기 찢었다. 이렇게 자존심이 상하기는 처음이었다. 다른 친구들이 이런 멋진 생각을 해 올 줄은 정말 몰랐다.

발표들이 다 특색 있고 재미있어서 시간이 어떻게 갔는지도 모르겠는데, 1시간 반이 다 가 버렸다.

"오늘 다들 매우 잘 해 줘서 놀랐습니다. 역시 여러분들은 창의성이 뛰어난 사람들이에요. 앞으로도 기대가 많이 됩니다. 다

어린이를 위한 **비전**

음 시간에는 여러분의 글 솜씨를 살펴보겠습니다. 자신의 고민을 팔아 버리는 광고 문안을 적어 오세요."

호랑나비 선생님은 또 새로운 과제를 안겨 주고 수업을 끝냈다. 아이들은 키득거리면서 웃었다.

'고민을 팔아 버리자고? 고민을 누가 사도록 광고 문안을 쓰라고? 순 허풍으로 근사하게 보이게 고민을 포장하라고?'

다른 아이들은 웃었지만, 루다는 입술을 깨물었다.

'좋아. 다음 시간엔 나도 내 글을 제대로 보여 주겠어.'

-내가 진짜 하고 싶은 것 찾기-
비전을 제대로 세우려면, 먼저 마음속 열정을 발견하는 것이 중요해요.

1. 지금 가장 관심을 두고 있는 분야는 무엇인가요?
2. 내가 되고 싶은 인물을 찾아보아요.
3. 나는 어떤 일을 할 때, 시간 가는 줄 모르고 몰두하게 되나요?
4. 친구나 가족들은 나에게 어떤 일을 부탁하고 싶어 하나요?

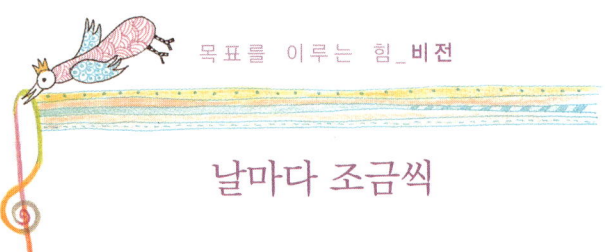

목표를 이루는 힘_비전

날마다 조금씩

나의 미래는 어떤 일을 하든지 음악이 함께 하는 하루하루일 거야.
음악으로 위로받고 음악으로 기운을 얻는 그런 인생을 살게 될 거야.

    생각보다 글쓰기 교실은 무척 재미있었다. 맑음이도 루다도 다양한 과제를 해내느라 고민도 많이 하고 자료도 많이 찾아보았다. 맑음이는 글쓰기 교실 핑계로 기타 연습을 할 기회를 만들 겨를도 없었다.

    방학 글쓰기 교실의 마지막 숙제는 '나의 미래, 나의 꿈'이었다. 이런 글감은 1학년 때부터 여러 번 써 보았다. 하지만 이번엔 다르게 써야 했다. 호랑나비 선생님에게는 평범한 것으로는 안 통했다. 방학 내내 호랑나비 선생님은 재미난 글감을 주면서 색

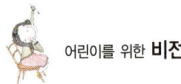
어린이를 위한 **비전**

다른 글을 쓰게 해 줘서, 모두 신나게 글을 써 왔다. 마지막 과제는 어쩌면 그동안의 과제 중 가장 평범한 글감이었다.

'내가 미래에 어떤 모습이냐고? 음.'

루다는 메모지만 계속 이리저리 접으면서 한참을 생각했다. 귀에 꽂은 이어폰에서는 이달의 인기 목록 10위에 올라간 노래들이 흘러나왔다. 하지만 이런 고민을 할 때는, 가사는 귀에 들어오지 않는다. 그냥 음악에 맞춰 발을 흔들거리면서 머리를 굴렸다.

'모델?'

루다는 키가 크니까 모델이 되어 보라는 말을 여러 번 들었다. 하지만 모델이 되려면 더 삐쩍 말라야 할 것이다. 그러려면 끊임없이 식사 조절을 해야 하는데 루다는 그건 자신 없었다. 멋진 새 옷을 입어 보는 것이 재미나겠다는 생각은 든다. 하지만 누가 골라 입혀 주는 옷을 입고 사진을 찍는 일은 피곤해 보였다.

루다는 그날 동네에서 만난 모든 사람의 직업을 자기의 미래로 하나하나 생각해 보았다. 다 좋은 점이 하나씩 있었다. 하지만 다시 생각하면 맘에 안 드는 점이 보였다. 딱 이거다 싶은 직업이 안 보였다. 누구나 직업을 다 가져야 하다니, 그건 대체 누가 만든 규칙인지 모르겠다. 그렇다고 백수로 구박받으면서 살고 싶지도 않았다.

이럴 때 제일 만만한 의논 상대가 맑음이다. 맑음이에게 휴대 전화로 문자를 보냈다.

넌 꿈이 뭐니? 다 썼어?
엄친아처럼 되는 거. 공부 짱, 효도 짱, 얼굴도 킹왕짱에 도 대표 스키 선수, 그런 형이 있어. 아주 밥맛이지. ㅋㅋ
노력해서 될 거 같으니?
응, 될 거 같아. 한 오백 번 죽었다 살아나면. ㅠ.ㅠ
너, 꼭 그렇게 써 와라.
ㅋㅋ 넌 뭐 썼어? 대학교수?

루다는 휴대 전화를 내려놓고 한숨을 쉬었다.

'갑자기 무슨 대학교수? 아마 맑음이네 가서 엄마가 그렇게 말한 적이 있나 보네. 어휴.'

루다는 피아노 앞에 다시 앉았다. 마음이 답답할 때는 더욱 피아노를 치고 싶어졌다.

어제 사 온 악보를 펼쳤다.

〈희미한 바람〉, 많이 들어 본 곡이었다. 차분하면서도 중간에는 살짝 발랄해지는 부분도 있고 몇 번 쳐 보았더니 칠수록 정이

가는 곡이었다. 가요도 가사 없이 피아노로만 연주하면 색다른 느낌이 났다. 가사 없이 연주해 보면, 그 곡이 진짜 멋진 곡인지 평범한 곡인지 정확하게 판가름이 나기도 했다.

피아노를 치다 말고, 루다는 음악이 정말 사람의 마음을 위로하는 역할을 한다는 생각을 했다.

'그래, 나의 미래는 어떤 일을 하든지 음악이 함께 하는 그런 하루하루일 거야. 음악으로 위로받고 음악으로 기운을 얻는 그런 인생을 사는 거지. 지금처럼 말이야. 맞아, 음악으로 사람들을 행복하게 하는 그런 일을 하면 좋을 거야. 음악 치료 같은 것도 좋겠다.'

'음악이 있는 생활이 나의 미래입니다.'라고 한 줄 쓰고, 루다는 갑자기 좋은 생각이 떠올랐다.

'좋아. 내가 새 가사를 붙여 보는 거야. 가사는 시나 마찬가지니까.'

루다는 마지막 과제물을 평범하게 글로만 쓰지는 않기로 했다.

〈희미한 바람〉 악보를 보면서 가사를 적어 나갔다. 일단은 〈희미한 바람〉의 멜로디에 맞춰서 가사를 지었다. 교실에서 연주를 곁들여서 그 노래를 부르고 싶어졌다. 루다는 이틀 동안 가사를 몇 번이나 고쳐 가면서 완성했다.

    그런데 생각해 보니 글쓰기 교실에는 피아노가 없었다. 루다는 급하게 이모에게 전자 키보드를 빌려 달라고 전화했다.

    "요새 이모가 이거 안 쓰니까 빌려 주는 건데, 나중에 이모가 아기 낳으면 다시 돌려 줘. 이거 진짜 새것이나 마찬가지야. 내가 얼마나 귀하게 모셔둔 건데."

세상의 수많은 소리, 그중에 나를 위로하는 소리
음악은 언제나 나를 부드럽게 감싸지
내 마음을 알아주는 음악이 있었지
언제나 내 옆엔 음악이 있겠지
안개처럼 베일처럼 무대처럼 물처럼 바람처럼
음악은 나의 친구, 음악은 언제나 나를 응원하지

이모는 친절하게도 키보드를 직접 가져다주었다.

"알았어요. 걱정하지 마세요. 그런데 이모, 언제 결혼하는데요?"

"그건 아직 몰라. 아무튼 꼭 하고 말 거야."

루다 엄마는 이모와 조카의 대화를 듣고는 피식 웃고는, 이모더러 김치를 가져가라고 했다. 루다는 급하게 키보드를 켜 보았다. 사용법을 얼른 배워야 했다.

"이거 누르면 여러 가지 효과음이 나거든. 다른 단추도 다 눌러 봐. 그러면 뭔지 금방 알게 될 거야."

피아노 음 말고 파이프 오르간 음으로 연주해 보니 더욱 멋졌다. 루다는 빨리 발표하러 가고 싶어졌다.

맑음이는 방학 동안은 늦잠을 자고 싶었지만, 기타를 생각하면 그럴 수가 없었다. 영어 수학 학원 숙제와 한자 쓰기, 글쓰기 교실 숙제 등을 하고, 엄마가 외출하면 눈치 봐가면서 기타 연습까지 하려면 꽤 바빴다. 방학은 그렇게 훌렁훌렁 지나갔다.

맑음이는 스스로 만든 노래를 기타로 치면서 노래하는 사람들이 꽤 많다는 걸 알고 놀랐다. 그걸 보니 욕심이 생겼다. 그래서 언젠가 기타로 치면서 부를 가사부터 지었다. 호랑나비 선생님은 자신에게 절실한 문제를 글로 써야 명작이 된다고 했다.

엄친아, 아친엄

왜 엄마들은 자식들을 서로 비교할까. 미쳐, 미쳐, 내가 미쳐.

우리도 엄마들을 서로 비교할 수 있다는 걸 모르나?

왜 몰라 왜 몰라. 엄친아만 있는가요? 아친엄도 있어야죠.

내 친구 엄마는 세련돼서 얼마나 멋진지 우아.

프랑스 요리 중국 요리 뭐든지 척척!

프리랜서 커리어우먼 돈도 왕창!

못 하는 게 없어요, 요요요요요!

게다가 얼마나 교양이 있는지 우아.

날씬해서 뭐든 입어도 폼 나, 킹왕짱!

손재주는 또 왜 그리 좋아?

뭐든지 척척 만들어요, 요요요요요.

엄친아만 잘났나요. 아친엄도 잘났어요.

엄마, 엄마, 제발 그걸 아셔야죠. 나 정도면 정말 괜찮은 아들이에요.

제발 그걸 아셔야 해요. 현실을 바라보세요.

아들을 바꾸고 싶다고요?

우리는 그런 엄마를 바꾸고 싶다고요.

엄마의 욕심은 무한증식. 그건 안 돼. 정말 안 돼.

써 놓고 보니 정말 웃겼다. 맑음이는 종이를 접어서 서랍 맨 아래에 넣어 두었다. F코드 연습하는 것보다 글쓰기가 더 쉬웠다. F코드의 소리가 제대로 나 주기만 한다면, '엄친아'도 부럽지 않을 거 같았다.

'나의 미래'라는 제목으로 써 온 글을 발표할 시간이었다. 루다는 키보드를 책상 위에 올려 놓았다. 아이를 10명 입양해서 왁자지껄하게 살겠다는 양태의 발표에는 박수가 나오기도 했다. 미스 코리아에 나간 다음, 아나운서가 되고 그 후에는 국회의원이 되어서 국가 발전에 이바지하겠다는 새롬이의 미래에는 야유와 환호성이 반반 섞여 나왔다.

맑음이가 발표할 차례가 되었다.

"얼마 전부터 저는 기타를 배우기 시작했습니다. 기타리스트들의 연주를 편안하게 지켜볼 때는 그냥 멋지다고 생각했습니다. 이제는 그들이 다 위대해 보입니다. 특히 F코드를 여섯 줄 다 잡고 치는 사람을 더욱 존경합니다. 저는 F코드를 1, 2번 줄만 잡고 치는데도 너무 어렵거든요. 기타를 멋지게 치는 저의 미래를 생각하면서 저는 매일 조금씩 쉬지 않고 연습을 합니다. 기타를 배울 때는 쉬지 않는 게 중요해요. 손이 굳으면 안 되기 때문입니다. 그리고 제가 기타를 얼마나 열심히 치는지를 지켜보고, 그런 내 모습이 멋지다고 생각하는 여자가 있으면 더욱더 좋겠습니다."

"으하하하. 기타리스트가 꿈이야? 여자 친구 사귀는 게 꿈이야? 알 수가 없어."

웬만해서는 크게 웃지 않는 호랑나비 선생님이 맑음이의 발표를 듣고는 활짝 웃었다.

"야야야, 잘 나가다가 결론이 왜 그래?"

"꿈 깨라, 야. 네 기타 치는 거에 반할 여자 찾으려면 50년은 걸릴 거다."

"기타를 가져와서 쳐 봐야지. 그래야 반하든지 말든지 할 거 아냐."

그렇게 떠들면서 아이들은 책상을 두드리면서 웃었다. 루다는 맑음이가 대체 어떻게 자기 엄마 모르게 기타를 배우고 있는지 정말 궁금했다. 맑음이가 기타를 배운다면 벌써 맑음이 엄마가 루다 엄마에게 이야기했을 테고, 그러면 루다에게도 그 소식이 5분 안에 전해졌을 것이다. 아무튼 맑음이의 다른 모습을 보게 되어 놀라웠다.

맨 마지막이 루다 차례였다. 루다는 키보드를 들고 나가서 플러그를 연결하고 악보를 펼쳤다. 악보에는 루다가 만든 가사가 같이 적혀 있었다. 마지막 구절 가사는 이렇게 고쳤다.

'나는 음악과 함께 걸어갈 거야.'

루다의 노래에 박수를 보내는 아이들이 많았다. 누군가는 루다에게 들릴 듯 말 듯하게 '뭐야, 개사한 거잖아. 별거 아닌데 폼은 되게 잡는다.'라고 중얼거렸다. 하지만 가사를 적어 달라는 아이도 있었다. 어쨌든 루다는 비로소 첫 숙제의 창피함을 벗은 것 같아 기분이 홀가분해졌다.

"선생님, 그런데 선생님은 미래를 어떻게 계획하고 계신 거지요? 궁금해요."

갑자기 맑음이가 그런 질문을 하자, 모두들 '궁금해요. 말해 주세요.'라고 하면서 호랑나비 선생님을 조르기 시작했다.

"소설가가 되시려는 거 아니에요?"

"아니면 혹시 시인?"

"신문 기자? 방송 작가?"

아이들이 한마디씩 하는데 선생님은 빙긋이 웃고만 있었다.

"좋아요. 이건 비밀인데 특별히 말해 주겠어요. 내가 계획하는 나의 미래는 희곡만을 쓰며 연극만을 생각하며 사는 거예요. 대학 때 연극반이었는데, 난 연기는 잘하지 못했지만 희곡을 쓰면 참 좋겠다는 생각이 들었어요. 내가 쓴 희곡으로 누군가가 연극을 만들고 그 연극이 무대에 오르면 사람들이 구경 오는 거예요. 그래서 연극을 보고 나면 지친 마음에 위로를 받고 가는 거지요. 하루에 150명씩 위로를 받고 가면, 일 년이면 5만 명이 넘어요. 나 때문에 행복해진 사람 5만 명이 여기저기 있다고 생각하면 나는 또 얼마나 행복하겠어요. 지금도 물론 희곡을 쓰고는 있지만, 여러 가지 일을 같이 해야 하니까 희곡에만 온 힘을 쏟지는 못해요. 꿈이 있으니 언젠가는 희곡만 쓰며 살 수 있는 날이 오겠죠."

"우아. 영화 시나리오 쓰면 더 좋은데."

"아냐. 게임 시나리오가 더 재미나지."

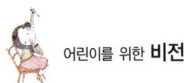

"셰익스피어처럼 유명해지실 거예요. 선생님, 화이팅."

"그런데 희곡 쓰면 돈 잘 벌어요?"

"선생님, 연극에 기타 배우는 애가 나오면 꼭 맑음이를 불러 주세요."

또 시끄러웠다. 루다는 호랑나비 선생님을 다시 쳐다보았다. 어른들에게도 꿈꾸는 미래가 있다니 신기했다. 물론 호랑나비 선생님이 아직 젊은 분이라는 건 알고 있지만, 어른에게도 이루어야 할 꿈이 있다고 생각해 본 적이 없었다. 어른들에게는 그런 꿈 같은 건 없는 줄 알았는데 조금 놀라웠다.

"방학 동안 고생 많이 했어요. 개학하면 다시 방과 후 수업으로 일주일에 한 번 글쓰기 교실이 있을 거예요. 그때 다시 신청하는 사람들은 또 만납시다."

호랑나비 선생님은 모두와 악수를 하고 머리를 쓰다듬어 주고, 한 사람씩 교실에서 내보냈다. 키보드를 안은 채, 루다는 선생님과 인사를 했다.

"가사가 너무 좋아서 멜로디가 뒤로 밀려났어요."

"네? 정말요?"

루다는 선생님의 칭찬에 눈이 커졌다. 기분이 좋기도 하고 선생님이 놀리는 거 같아서 조금 창피하기도 했다.

루다는 키보드를 안고서 복도에서 맑음이가 나오길 기다렸다.

"정맑음! 잠깐만. 너 진짜 기타 배워?"

"응. 너 우리 엄마한테 일러 바칠 건 아니겠지? 설마, 그 정도 의리는 있겠지?"

"그게 가능해? 몰래 배우는 게?"

"아직은. 언젠가는 들통이 나겠지. 아빠가 기타도 물려주고 인터넷 기타 교실 수강 신청도 해 줬어."

"우아, 아저씨 멋지시네."

"야, 난 안 멋지냐?"

맑음이는 턱을 쳐들었다.

"하하. 두고 볼게. 열심히 해 봐. 멋져질 수 있을 거야."

"근데 너 가사 짓는 거 잘하더라. 그걸로 새로 작곡도 하면 더 좋겠어. 그래서 나중에 너는 키보드 치고 내가 기타 치고 누구 하나 드럼 치고 보컬 하나 있으면 밴드 되는데. 어떠냐? 네 생각은."

"밴드? 너 기타 그렇게 잘 쳐?"

"노래 정하면 그 곡만 집중해서 연습하는 거니까 잘할 수 있다고. 그리고 내 실력은 나날이 향상 중이야. 문제없어."

"밴드는 무슨 밴드야. 밴드는 아무나 하니?"

어린이를 위한 **비전**

루다는 그렇게 맑음이 말을 자르고는 뒤돌아섰다.

루다는 집에 와서 다시 키보드를 쳐다보았다.
'맑음이 말대로 우리가 밴드를 만들어서 우리가 만든 노래를 부른다면 친구들이 정말 좋아하지 않을까? 진짜 우리들의 이야기로 만든 노래라면.'
키보드를 켜고 건반을 천천히 눌렀다. 피아노 소리만 듣다가 트럼펫 소리나 하모니카 소리로 들어 보면 또 다른 맛이 있었다.
'가사만 고쳐서 노래를 부를 때는 무언지 답답했어. 내가 만약 작곡을 한다면 어떨까. 나 같은 사람도 작곡을 할 수 있을까. 글도 직접 자기가 생각하는 걸 쓰잖아. 그러니까 노래도 자기가 부르고 싶은 노래를 작곡하는 건 당연한 거잖아. 그럼, 작곡하는 법은 어디서 배우지?'
루다는 맑음이가 엄마 몰래 기타를 배우기 시작했다는 말이 다시 생각났다. 맑음이가 그럴 수밖에 없는 상황이 이해가 되었다. 루다가 작곡을 배우겠다고 한다면? 보나 마나 엄마는 작곡과로 진학할 생각이냐고 물어볼 것이 틀림없었다.
'이럴 줄 알았으면 피아노 배우러 다닐 때 이론 공부 시간에 잘 들어 둘걸.'

루다는 이모에게 전화했다. 이모는 잡지사에서 편집 디자이너로 오래 일해서 모르는 게 없었다. 하지만 깊이 아는 건 하나도 없다고 했다.

"이모, 작곡하려면 뭘 배워야 해?"

"작곡과 가려고? 옛날에 내 친구가 작곡과 갔는데 시창, 청음 또 뭐더라. 화성학 그런 거 배우고 또 피아노 시험도 보고 그랬던 거 같다. 아무튼 뭐 배울 게 무척 많다고 그랬지."

"으응. 알았어요. 이모, 고마워요."

이게 아니었다. 방과 후 수업으로 작곡반이 있으면 좋겠다. 작곡을 배우고 싶은 거지, 작곡과를 가고 싶은 건 아니었다.

 어린이를 위한 **비전**

'뭘 배우면 그걸 대학 가는 데 꼭 써먹어야 하나? 어휴. 정말 어른들하고 무슨 얘기를 못 하겠다니까.'

개학을 했다. 여름 방학 때 글쓰기 반에 왔던 아이들이 거의 방과 후 수업에 다시 모였다. 그리고 글쓰기 반이 재미있다고 소문이 나는 바람에 새로 다섯 명이 더 와서 복잡한 느낌까지 들었다.

"이번엔 우리 역사상에 유명한 인물 중에서 두 사람을 고르세요. 그 두 사람은 한 분야에서 일한 공통점이 있는 맞수였으면 좋겠어요. 그래서 두 사람의 특징을 비교하고 어떤 차이점이 있어서 그 둘이 다른 결과를 얻었는지 알아보는 겁니다. 조를 짜서 토론하고 정리해서 발표하세요."

"우아, 너무 어려워요."

"너무해요."

호랑나비 선생님은 어렵다고 투덜대는 소리는 들은 척도 않고 제비뽑기로 조를 짜 주었다.

맑음이, 대현이, 연주가 같은 조가 되었다. 맑음이네 조는 이순신 장군과 원균 장군을 비교하기로 했다. 맑음이와 대현이는 일단 원균 자료를 찾아보았다. 그런데 인터넷으로 자료를 찾아보니 이순신 장군은 자료가 많은데 원균 장군은 이순신 장군과 비교해서는 자료가 그다지 많지 않았다.

"아니 이거 불공평하잖아. 왜 이런 거야?"

대현이는 출력한 자료 중에서 중요한 부분에 형광펜을 그으며 고개를 갸웃거렸다.

"원균 장군이 이순신 장군보다 먼저 죽었네. 음. 몰랐어."

"너 이순신 장군 위인전 안 읽었어? 거기 나오잖아. 원균이 죽으니까 이순신 장군이 다시 수군통제사에 올라갔잖아."

"읽은 것 같기도 하다. 그래도 아무리 일찍 죽었다고 이렇게 자료가 차이가 나나?"

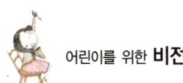
어린이를 위한 비전

"맑음아. 그러니까 너도 일기 꼭 써. 이순신 장군이 일기를 썼으니까 이렇게 자료가 많은 거 아니겠어?"

"하긴 아무것도 안 남긴 사람하고 일기 남긴 사람하고 차이가 있긴 하겠다."

"그러니까 보통 사람하고 다른 거지. 전쟁 났는데 매일 일기 쓰고 싶으냐. 너 같으면."

대현이도 맑음이도 전쟁 중에 일기를 꼬박꼬박 쓴 것만 가지고도 이순신 장군이 정말 대단한 사람이라고 생각하게 되었다. 어떤 자료를 보니 원균이 오히려 모함을 당해서 나쁜 사람으로 역사에 남았다는 의견도 있었다.

일단 있는 자료를 찾아서 읽고 도서관 휴게실로 내려갔다. 연주도 정기 간행물실에서 찾은 이순신과 원균 자료를 들고 나타났다.

"원균은 내가 보기엔 게으른 사람이야. 뭘 준비하고 대책 세우고 그러는데 영 소질이 없더라고."

대현이의 말에 연주가 고개를 끄덕이며 말했다.

"원균도 전투에서 이기기도 하고 높은 벼슬까지도 올라가 본 사람이잖아. 그러니까 아주 무능한 사람은 아니었을 거야. 그런데 이순신 장군하고 맞서니까 영 빛이 안 나는 거지. 난 원균이

불쌍하기도 하더라. 그런데 텔레비전 드라마에서 말이야. 소년 이순신하고 소년 원균이 한 동네서 뛰어놀잖아. 전쟁놀이도 하고. 그건 가짜겠지?"

연주의 물음에 대현이가 자신 있게 대답했다.

"그건 드라마 만드느라고 억지로 만들어 넣은 상황이지. 자라난 동네가 전혀 다르잖아. 만나긴 어떻게 만나겠어."

"뭐야? 그러면 역사 드라마에서 없는 얘기를 넣었단 말이야? 그래도 되는 거야?"

맑음이가 흥분하자, 대현이가 맑음이 어깨를 두드렸다.

"워, 워, 진정하자, 맑음아. 그러니까 드라마지. 그러면 넌 그게 영상 역사 강좌인지 아냐? 쯧쯧쯧."

대현이는 맑음이가 철이 없어서 불쌍하다는 듯 쳐다보았다. 맑음이의 자존심이 상할 둥 말 둥 하는 순간이었다. 그런 어색한 순간에 연주가 다행히도 다른 질문을 던졌다.

"만약에 말이야. 원균도 자기 입장의 일기를 매일 써서 남겼다면 평가가 달라졌을까?"

"오, 그건 말도 안 되지. 원균은 놀기 좋아하는 사람인데 무슨 일기를 쓰겠어. 죽었다 깨어나도 못 쓰지. 전쟁하면서 일기는 아무나, 쓰나. 일기는 아~무나 쓰나."

맑음이는 이순신 장군이 거의 매일 일기를 쓴 사실이 믿기지 않았다. 전쟁에 이긴 것보다 그게 더 어려운 일 같았다. 게다가 난중일기를 보면 활쏘기 연습도 꾸준히 했다는 걸 알 수 있었다. 그 끈기면 뭔들 못 할까, 두루두루 다 잘하는 사람이었을 거란 생각이 들었다. 맑음이는 기타 연습을 빼먹지 않고 하는 일이 바로 난중일기 쓰는 그 마음과 같은 것으로 생각하자, 괜히 흐뭇했다. 물론 목적은 좀 다르지만 말이다.

연주는 맑음이의 대답에 눈을 깜빡이더니 말을 이었다.

"원균도 일기를 썼다면? 그러면 정말 재미나겠다. 일단 원균도 자기 입장을 설명할 기회가 생기는 거잖아. 그러면 억울하게 오해받는 일은 줄어들겠지. 아무리 이순신 장군이 정직한 사람이라도 미운털 박힌 원균이 하는 일은 다 밉게 보였을 거야."

연주가 이순신 장군을 의심하는 듯한 말을 하자 맑음이는 발끈했다.

"야, 그럴 리가 있어? 이순신 장군은 그야말로 옳은 일만 생각한 그런 분이셨어."

"맑음이 너 그런 태도 아주 위험하다. 호랑나비가 말한 얘기 기억 안 나니? 위인전에 나온 사람들이 다 완벽한 인간은 아니라는 걸 잊지 말자고. 위인전에도 과장이 있을 수 있는 거야."

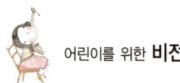
어린이를 위한 **비전**

연주는 맑음이가 너무 순진해서 문제라고 생각했다.

"아차. 내가 본 자료에는 이런 것도 있었어. 원균이 일본 배를 무찌르는 방법을 알아냈다는 거야. 배로 충돌시키는 거야. 일본 배는 나무가 약해서 충돌하면 많이 부서진대."

대현이의 말에 맑음이는 피식 웃었다.

"야, 그건 너무 무식한 방법이잖아."

"무식하고 유식하고가 어딨어. 전쟁인데, 이기는 방법이 가장 중요한 거지. 그래서 일본 배의 약점을 알게 된 이순신 장군도 충돌하는 전법을 쓰기 시작했다는데?"

"일본은 조총을 가지고 싸웠잖아. 그런데 우리는 활을 쏘니까 너무 불리했을 거야. 얼마나 무서웠을까?"

연주는 그 시대 군인들을 동정했다. 대현이는 그런 둘을 바라보다가 종이를 쳐들면서 소리쳤다.

"야, 이제 정리 좀 하자."

대현이는 마음이 급했다. 빨리 보고서를 정리해서 끝내고 과학학원에 가야 했다. 시간이 별로 없었다. 자료 찾는 데 생각보다 시간이 꽤 많이 걸렸다. 하지만 막상 두 사람을 비교하려고 자료를 찾는다 생각하니, 한 사람 자료만 찾아볼 때보다 재미있어서 짜증이 나지는 않았다. 숙제를 하면서 짜증이 나지 않는 일은 참

드물었다.

"차이, 차이. 음, 차이가 뭐가 있지? 이순신 장군은 전쟁 나기 전부터 미리 준비하고 연구하는 모습이 많았어. 원균 장군은 일본 배를 우리 판옥선으로 들이받아서 망가뜨리는 법을 알아냈고. 나중에 원균이 전쟁 끝나고 나서 훈장도 받았거든. 그걸 보면 공을 많이 세운 장군이야."

대현이는 연주 말을 듣고는 덧붙여 말했다.

"비극은 둘 사이가 안 좋았다는 기네. 둘이 사이가 좋아서 서로 약점을 보완해서 잘 도왔으면 우리가 일본까지 쳐들어가서 일본을 다 지배하는 건데 아깝다. 정말."

맑음이의 이야기에 연주와 대현이는 피식 웃었다.

루다네 조는 우연히도 조원이 다 여자였다. 그래서 여류 시인 매창과 허난설헌을 비교했다. 루다가 정리해서 발표했다.

"매창의 본명은 이향금이고 부안 출신의 기생이며 시인입니다. 그녀가 쓴 한시는 500여 편이라고 하나, 전해지는 것은 57편, 시조가 한 편 있습니다. 아마 일주일에 시를 한 편씩 쓴 모양입니다. 그녀가 죽고 58년 후, 고을의 관리들이 그녀의 시를 책으로 펴내어서 전해지게 되었습니다. 훗날 시인 신석정은 그 시를 우

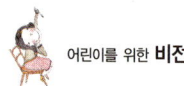

리말로 번역했습니다. 매창은 서울로 간 유희경이라는 남자를 그리워하다가 1610년 37세에 죽었습니다. 참고로 말하면 그 남자는 매창보다 28살 많은 유부남이었습니다."

루다가 잠시 말을 끊은 사이 아이들이 웅성거렸다.

"뭐야? 28살이나?"

"오~, 기생의 시를 관리들이 시집으로 내주다니 대단한걸."

"캑. 늙은 남자를 뭐 하러 기다렸지? 연하남이 대세인 것을."

루다는 다시 보고서를 읽었고 아이들은 금방 조용해졌다.

"허난설헌의 본명은 허초희, 강릉서 태어났고 남동생은 유명한 허균입니다. 허균은 매창과도 친하게 지냈으므로, 제 생각에는 매창과 허난설헌은 서로 만나지는 못했을지라도 서로 알고 있었을 가능성이 있습니다. 14세에 시집을 갔는데 내내 불행하게 살다가 1589년 26세로 죽었습니다. 허난설헌은 자신이 조선에 태어난 것, 여자로 태어난 것, 김성립과 혼인한 것이 한이라고 하고 자신의 작품을 다 불태우라고 유언했습니다. 하지만 시 142편, 가사 두 편이 그녀의 시집 난설헌집에 실려 있습니다. 그 시집은 1608년 남동생 허균이 냈는데 그 후 중국 명나라에서도 출간되어 큰 인기를 끌었습니다. 백여 년 뒤에는 일본에서도 그녀의 시집이 출간되었습니다."

또다시 아이들이 웅성거렸다.

"우아, 대단하잖아. 국제적인 시인이네."

"요새도 우리나라 시인 시가 다른 나라에 번역되면 굉장한 건데."

연주가 아이들을 둘러보며 소리쳤다.

"가만있어 봐. 결론 좀 들어 보자. 궁금하잖아."

호랑나비 선생님은 그런 소란을 보고 빙긋이 웃고만 있었다. 루다의 보고서엔 유난히 숫자가 많았다. 루다의 성격이 드러나는 보고서였다. 호랑나비 선생님은 다음에는 토론을 한번 시켜 봐도 좋겠다는 생각을 했다.

루다가 다시 종이를 매만지더니 또박또박 읽었다.

"두 조선의 여성은 비슷한 시기에 살았고 아름다운 시를 많이 남겼습니다. 그리고 둘 다 젊은 나이에 죽었습니다. 많은 스트레스를 받은 불행한 인생이어서 그렇게 일찍 죽었던 거 같습니다. 두 여인이 지금 시대에 태어났다면 인기도 많고 대학교수도 하고 매스컴에도 나오는 활발한 활동을 할 수 있었을 겁니다. 미래에 대한 희망을 품을 수 있었다면 건강관리도 잘 해서 더 오래 살았을 겁니다. 그나마 매창이 좀 더 오래 살았는데 매창은 결혼을 안 한 기생이라서 스트레스를 받는 일이 조금 적었나 봅니다."

어린이를 위한 **비전**

으하하하, 킥킥, 아이들이 웃기 시작했다.

"그래서 두 사람의 차이점이 뭔데? 결혼을 하고, 안 하고?"

참다못한 맑음이가 따지듯 물었다. 루다는 맑음이를 째려보더니 힘주어서 마지막 문단을 읽었다. 점점 목소리가 강해졌다.

"두 사람을 조사해 보니 너무도 비슷한 점이 많고 차이점은 거의 없었습니다. 시를 많이 남겼지만 두 사람은 아주 불행하게 죽었습니다. 자신들의 삶에서 즐거움을 찾지 못했습니다. 희망도 없었습니다. 시집을 낸 것도 죽은 다음이었기 때문에 살아서는 큰 보람을 느끼지도 못했습니다. 두 사람이 일찍 죽은 것은 자신이 앞으로 무엇을 해서 행복해질 수 있을지 아무 계획이 없었기 때문입니다. 무엇도 할 수 없는 상황이었으니까요. 정신이 건강하지 않으면 몸도 따라서 약해진다고 합니다. 사람에게는 '앞으로 뭘 하고 싶다, 이루고 싶다.'라는 목표가 필요하다는 것을, 우리 조는 깨달았습니다."

마지막 구절에서는 루다가 어찌나 엄숙하게 읽는지 다들 기립 박수를 보내야 할 것만 같았다. 하지만 그럴 수는 없어서 앉아서 손뼉만 쳤다. 남자아이 중에 누군가는 휘파람도 불었다.

"고마워요. 사실 난 매창의 팬이거든요."

호랑나비 선생님은 그렇게 말하며 빙긋이 웃었다.

감동적이야. 두 시인 말고 루다 목소리. 그런데 그렇게 일찍 죽고 나서 유명해지면 뭐하니. 두 시인은 건강 검진을 해마다 받았어야만 했던 거야. 야야, 우리는 살아서 유명해지자. 꼭!!

연주가 루다에게 그런 보기 드문 긴 문자 메시지를 보내왔다. 루다는 학교 교문을 나서면서 연주의 문자를 읽고 저장했다. 그리고는 속으로 중얼거렸다.

'두 시인 이야기를 노래로 만들면 멋지겠는걸. 왜 그런 노래들이 없는 거야. 맞아, 세상엔 초등학생이 진정 원하는 그런 노래가 없단 말이지. 좋았어! 만들어 부르고 말겠어. 맑음이도 아직 밴드 만들 생각이 있는 거겠지. 우리 노래로 우리가 하고 싶은 말을 하고 살자고. 그래! 세상이 맘에 안 들면, 노래라도 내 맘에 드는 노래를 만들어 보는 거야.'

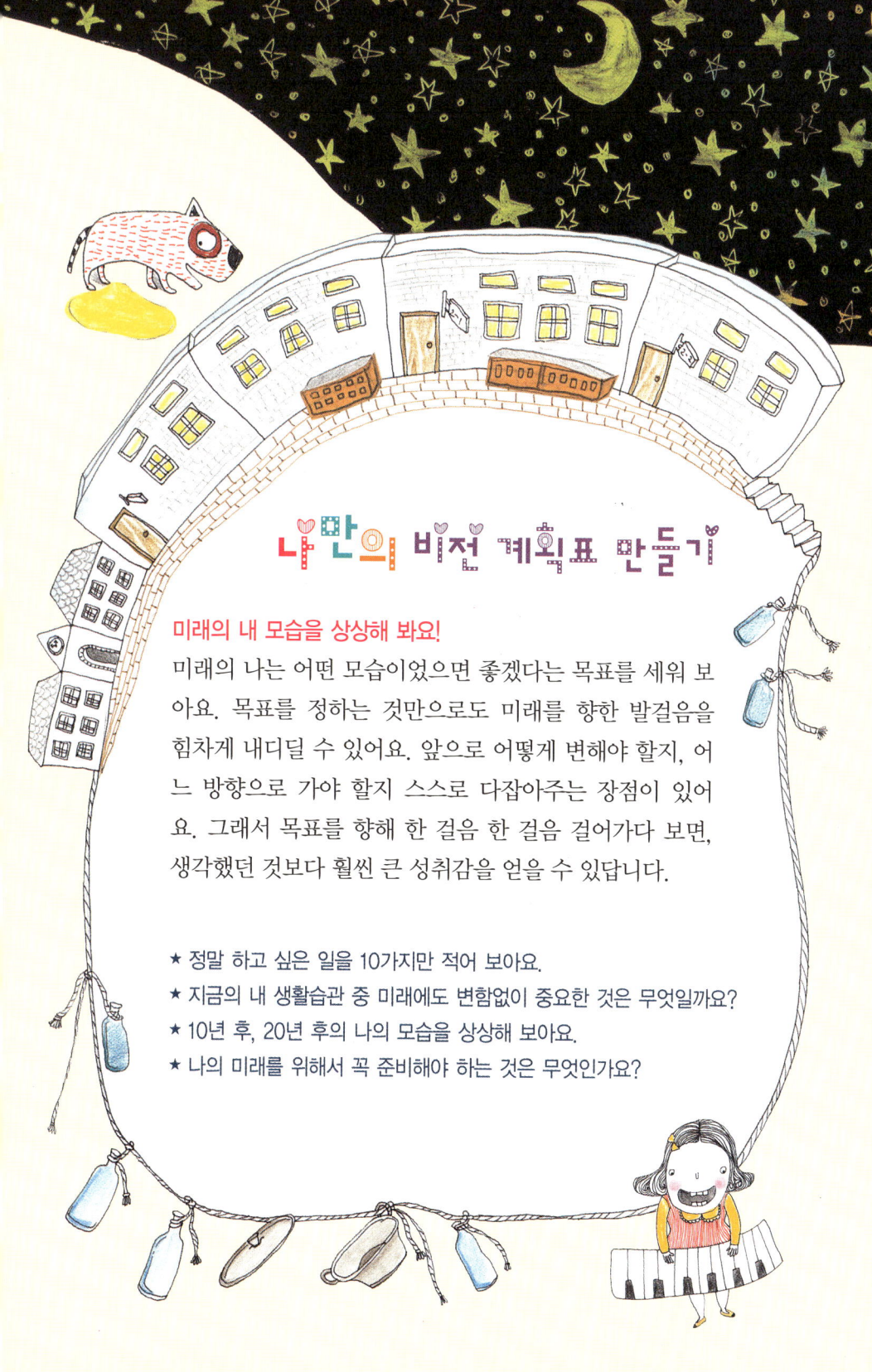

나만의 비전 계획표 만들기

미래의 내 모습을 상상해 봐요!

미래의 나는 어떤 모습이었으면 좋겠다는 목표를 세워 보아요. 목표를 정하는 것만으로도 미래를 향한 발걸음을 힘차게 내디딜 수 있어요. 앞으로 어떻게 변해야 할지, 어느 방향으로 가야 할지 스스로 다잡아주는 장점이 있어요. 그래서 목표를 향해 한 걸음 한 걸음 걸어가다 보면, 생각했던 것보다 훨씬 큰 성취감을 얻을 수 있답니다.

★ 정말 하고 싶은 일을 10가지만 적어 보아요.
★ 지금의 내 생활습관 중 미래에도 변함없이 중요한 것은 무엇일까요?
★ 10년 후, 20년 후의 나의 모습을 상상해 보아요.
★ 나의 미래를 위해서 꼭 준비해야 하는 것은 무엇인가요?

vision 2 　마음속 표지판 따라가기

막상 목적지는 정했는데, 그 목적지까지 어떻게 도달할 수 있을까요?
그곳에는 내가 상상하는 '미래의 내 모습'이 있지만, 어떻게 준비를
해야 할지, 어떻게 하면 그 모습에 쉽게 도달할지 모르겠다면,
마음속 표지판을 세워 보아요. 그리고 출발점, 중간 지점, 쉬는 지점을
하나씩 만들어 보아요. 그러면 좀 더 쉽게 꿈에 도달할 수 있을 거예요.

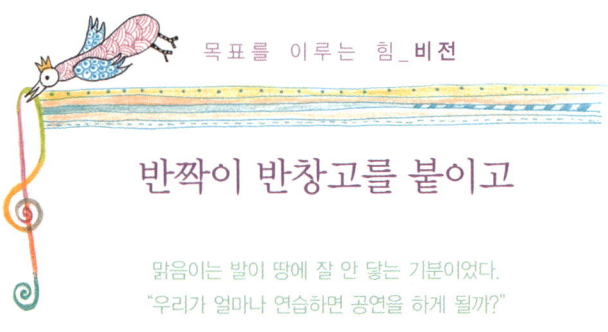

목표를 이루는 힘_비전

반짝이 반창고를 붙이고

맑음이는 발이 땅에 잘 안 닿는 기분이었다.
"우리가 얼마나 연습하면 공연을 하게 될까?"

"그러자니까, 그거 괜찮은 생각이라니까. 하는 거야. 우리는 멋지게 할 수 있어. 야호!"

맑음이는 문방구 앞에서 자전거 바퀴에 바람을 넣다가 루다가 밴드를 만들자는 말을 하자 환하게 웃었다. 맑음이의 뜨거운 반응에 루다가 또 찬물을 끼얹었다.

"하지만 걱정이 있어. 밴드에는 전기 기타가 있어야 하는 거 아니니? 넌 클래식 기타라면서?"

"야야, 우리 좀 개성 있게 하자. 곡을 잘 고르면 되잖아."

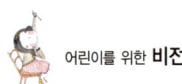
어린이를 위한 비전

맑음이는 지금 기타를 새로 살 수는 없었다. 그래서 자기 기타로 다 된다고 큰소리를 쳤다.

"하긴 뭐 내 키보드로 전기 기타 소리도 낼 수 있어."

"루다야, 우린 말이지. 그러니깐 순수 음악 밴드를 만드는 거야. 더럽혀지지 않은 순수한 소리를 내는 그런 밴드지. 악기가 문제가 아닌 거야."

"너 어디 아프니? 독립운동 하자는 거 아냐. 우리의 스트레스를 노래로 승화하자 그거야, 난."

"야야, 알아, 알아. 아무튼 우리가 부르고 싶은 노래를 만들어서 부르자 그거 아니냐. 그것만 잊지 말자. 루다야, 실은 난 가슴이 아프다. 밴드 멤버가 달랑 둘뿐이라니. 이래서야 완벽한 음악이 나오겠니? 멤버를 어서 보강하자."

"좋아. 그러면 각자 구해 보자. 일단 드럼이 한 명 있어야 하고, 보컬도 있어야지. 너나 나나 노래는 보통이잖아, 솔직히."

"알았어, 구해 보자. 그런데 우리 밴드 이름은 뭐라 할까?"

"밴드, 밴드 하니까 밴드 스타킹 같아."

루다가 피식 웃었다.

"그렇다고 스타킹 밴드, 그럴 수 있어?"

맑음이는 진지한 얼굴이 되더니, 하늘을 한 번 쳐다보고 다시

땅을 내려다보더니 말했다. 맑음이 머릿속에 멋진 이름이 떠올랐다.

"반창고. 반창고 밴드. 어떠냐? 반드시 반, 노래 창, 고함 고."

"뭐야? 반드시 노래를 고함치자고? 흑, 너무 하는 거 아니냐?"

"그러면 좀 화사하게 할까? 반짝이 반창고 밴드. 줄여서는 반반 밴드. 아, 난 너무 머리가 좋은 거 같아."

"글쎄, 더 좋은 거 생각날 때까지 임시로 일단 그렇게 하자."

하지만 더 좋은 이름을 생각해 낼 여유가 없었다. 소문을 내자마자 다행히도 단호가 노래를 하겠다고 나섰고 청소년 수련관에서 드럼을 배운다는 유니를 루다가 끌어들였다. 연주는 객원 연주자로, 특별한 경우에 합류해서 오카리나 연주를 해 주겠다고 했다. 그런데 막상 연습할 장소가 문제였다. 학교 음악실을 빌려 달라고 하자, 음악 선생님은 난감한 얼굴이 되었다.

"미안하지만 난 수요일, 목요일만 학교에 오잖니. 그런데 음악실은 개방하는 시설이 아니야. 그렇다고 내가 너희 연습하는 날마다 지키고 있을 수도 없어. 학교 오는 날도 수업 끝나면 난 가야 하잖니. 게다가 우리 음악실에는 드럼도 없어. 너희는 드럼도 있어야 한다면서? 도와주지 못해서 미안하다."

단호와 맑음이는 풀이 죽어서는 운동장 가에 앉아서 궁리했다.
"허허벌판에 빈 창고 같은 거 있으면 좋겠다."
맑음이 말에 단호가 고개를 저었다.
"그런 허허벌판까지 멀어서 못 가. 우리가 학원 갈 시간 사이사이 조금씩 시간 쪼개서 연습하는 건데, 어느 세월에 허허벌판까지 갔다가 오냐? 우리 동네에서 해결해야 해."
"음. 그렇구나."
"음악 선생님 말 들으니까, 드럼도 구해야겠더라. 드럼 없이 어떻게 연습을 해?"
"그러게 말이야. 왜 그 생각은 못 했지? 그런데 드럼을 매번 들고 다닐 수도 없잖아."
"골치다, 야."
"으악!"
갑자기 맑음이가 소리를 치며 머리를 손으로 감싸 안았다.
"왜 그래? 머리 아파?"
"기타! 그것도 들고 나와야 하는 거네. 들고 다니면 엄마한테 걸릴 텐데."
"아니 그러면 넌 엄마한테 안 들키고 밴드 할 수 있다고 생각했어? 어차피 한 판 붙어야 해. 난 각오하고 있어. 우리 엄마는

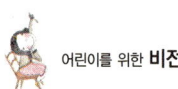

내가 공부 중독자이길 바란다니깐."

"으윽……."

맑음이는 엄마를 어떻게 설득해야 할지 알 수 없었다. 하지만 여기서 꼬리 내리고 포기할 순 없었다. 그게 소문나면 정말 여자아이들에게 무슨 망신이겠는가. 여자아이들에게 인기 좀 끌어 보려는 소박한 마음으로 시작한 기타인데, 허풍만 치는 남자아이로 찍히기는 싫었다. 게다가 드럼은 또 어떻게 한다지? 밴드 시작도 해 보기 전에 여러 문제가 달려들었다. 맑음이는 마음이 무거워졌다.

"아, 좋은 생각이 났다. 있어! 있어! 연습실. 일단 가 보자."

맑음이는 단호의 뒤를 따라서 뛰었다. 작년에 새로 생긴 구립 문화 센터였다. 맑음이는 한 번도 가 보지 않은 곳이어서 낯설었지만, 단호를 따라 들어갔다.

"헉헉. 야야, 걸어가자. 힘들어 죽겠어."

단호는 가볍게 잘도 뛰었다. 그에 비해 맑음이는 걸음이 무거웠다. 안내소로 다가가 단호가 야무지게 물었다.

"여기 음악 연습실 있지요? 그거 빌리려면 어떻게 해야 하나요?"

"신청서를 써서 내. 단체만 빌려 주는데, 5명 이상 돼야 해. 일주일에 두 번씩, 한 번에 두 시간씩 쓸 수 있어. 지금 이미 연습 시간을 잡아 둔 팀이 있어서 빈 시간은 별로 없어."

"네? 5명요?"

단호가 뒤로 돌아서서는 맑음이에게 소리 내지 않고 입 모양만 내면서 말했다.

'야, 우리는 4명이잖아.'

맑음이가 고개를 저었다.

"5명 맞아. 연주가 있잖아! 연주는 연주할 팔자구나. 하하하."

"지금 그걸 농담이라고 하니. 휴~, 다행이네."

단호는 다시 물었다.

"피아노하고 드럼, 있는 거 맞죠? 임대료는 얼마예요? 방음 장치 잘 된 거죠?"

"우리 구 구민이면 임대료는 없어. 피아노와 드럼, 장구하고 북도 있어. 여기 소책자의 시간표 보고 비어 있는 시간으로 신청서 써서 내. 5분 전에는 연습 끝내고 청소하고 나와야 해. 그래야 다음 팀이 연습하니까."

단호와 맑음이는 머리를 맞대고 신청서를 쓰면서 중얼거렸다.

"야, 맑음아. 저 누나 말이야. 우리를 언제 봤다고 반말이야? 진짜 웃긴다. 나이만 많으면 다냐?"

"우리가 교양 있는 호랑나비에게 길들어서 그래. 원래 어른들은 애들에게 반말 하니까 너무 신경 쓰지 마라."

하긴 맑음이도 그런 안내 직원의 말투에 슬슬 짜증이 났다.

빌려 주는 방은 네 개였다. 음악 연습실은 딱 하나뿐이었고 세미나실은 세 개였다. 세미나실이 쓸데없이 많다고 맑음이는 투덜거렸다. 음악 연습실은 두 팀이 차지하고 있었다. 한 팀은 이름이 '대리와과장'이라는 걸 보니 직장인 팀이었고 한 팀은 '자투리'라는 이상한 이름의 팀이었다. '대리와과장'은 일주일에 한 번 연습인데 '자투리'는 일주일에 두 번 연습이 잡혀 있었다. 단호와 맑음이가 신청하고 싶은 시간은 토요일, 일요일 5시부터 7시까지인데, 자투리 연습 시간이 토요일 6시부터였다.

"어떡하지?"

단호 눈썹이 올라갔다. 단호는 또 부딪쳐 봐야겠다는 생각이 들었다.

"자투리 팀에게 말해서 한 시간만 뒤로 물러나 달라고 부탁하자."

"좋다고 할까?"

맑음이는 소심하게 우물거렸다. 단호는 그런 맑음이 등을 퍽 소리가 나도록 쳤다.

어린이를 위한 **비전**

"밑져야 본전이잖아. 말해 보는 거지. 음악 하는 사람들끼리 그 정도도 양보 못 하겠니?"

일단 토요일 5시에서 6시라고 신청서에 썼다. 토요일에 와서 자투리 팀을 만나 협상을 하기로 했다.

"아, 근데 밴드 이름을 뭐라고 써야 하냐?"

단호가 맑음이에게 물었다. 맑음이는 당황했다.

'루다와 아직 결정하지 못한 건데 신청서에는 뭐라고 써야 하나?'

"밴드 이름을 적어야 할 거 아냐. 내 이름 적으리? 단호박 밴드?"

"아냐. 난 단호박 싫어해."

"나도 싫어. 애들이 자꾸 그렇게 불러서 짜증나 죽겠어."

"반짝이 반창고. 일단 그렇게 써."

"뭐? 반짝이는 창고?"

"아니. 반짝이 쉬고, 반창고."

"괜찮다. 그렇게 쓸게."

연습실 문제를 해결하니, 맑음이는 발이 땅에 잘 안 닿는 기분이었다.

"단호야, 우리가 얼마나 연습하면 공연을 하게 될까?"

"그거야 소리 나는 걸 봐야 알지. 1년쯤 뒤엔 친구들 생일 파티나 학교 행사에 초대받을 정도는 돼야지. 안 그러냐?"

단호는 자기 목소리에 맞는 악보를 찾아보겠다고 서점으로 갔다. 단호가 상가 쪽으로 가는 걸 보다가 맑음이는 깜짝 놀랐다. 연습실이 생겼으니 이제 연습할 차례였다.

"아, 맞다! 나 기타리스트지."

엄마가 40분 후면 집에 올 텐데 그전에 연습을 해야 했다. 뭐라고 얘기해야 엄마가 허락할까. 아빠는 엄마를 설득하는 데 도움이 될까. 그런 생각을 하면서 집으로 뛰어갔다.

루다는 시간 날 때마다 밴드의 첫 번째 노래는 어떤 가사면 좋을지 궁리했다.

멜로디는 신나게 하는 게 좋을지, 약간 반항적인 게 좋을지. 코믹한 게 좋을지, 처절해야 할지 그것도 결정하기 어렵긴 했다. 아무튼 친구들이 좋아할 노래로 만들고 싶었다.

"루다야, 너 이제 이거 안 쓰지?"

루다 엄마가 루다의 털모자를 들고 물었다. 어릴 때 쓰던 베레모였다.

"기증하려고요?"

루다가 어릴 때 자주 쓰던 모자였다. 색이 밝고 털실도 부드러워서 참 예뻤다.

"아니 이거 모 100%짜리라서 풀어서 새로 모자 뜨려고."

"내 머리가 더 커졌는데? 실이 모자라잖아요."

"아니 더 작은 걸로 뜰 거야."

그러면서 루다 엄마는 작은 방으로 가 버렸다. 루다는 고개를 갸우뚱하면서 엄마를 따라가 보았다.

"엄마, 누가 아기를 낳았어? 선물하려고?"

"아냐, 아프리카 신생아들에게 보낼 거야."

"엄마! 아프리카는 더운데, 무슨 털모자를 써?"

루다는 엄마가 농담한다고 생각했다.

'아프리카에는 모기장이랑 옥수숫가루, 옷, 그런 거를 보내야지. 엄마가 뭘 착각했나?'

루다가 이상한 표정으로 방문에 기대어 서 있자, 루다 엄마가 작은 소책자를 내밀었다.

"진짜 아프리카 아기들이 털모자 필요하대. 일교차가 커서 밤이면 추운 데도 많은데 신생아들이 체온 보호를 못 해서 죽는대."

"정말?"

루다는 소책자에 있는 글을 읽어 보았다. 정말 아프리카 아기들에게 모자가 필요하다고 했다. 탯줄 자르는 깨끗한 가위와 기초적인 약품, 털모자만 있어도 아기들의 사망률을 많이 줄일 수 있다고 했다. 모자 뜨는 실과 도구를 팔아서 그 기금도 아기들에게 보내 주고 모자도 보내 준다고 했다.

"엄마 모자 뜰 줄 알아? 맑음이네 아줌마가 붙어서 하나하나 가르쳐 줘야만 뜨잖아."

"이제 간단한 건 그림 보고도 뜰 수 있어. 동영상으로 뜨는 법을 배울 수도 있고. 봐라, 벌써 하나 떴지."

루다 엄마가 환하게 웃으며 상자 안에서 노란 모자를 하나 보여 주었다. 도토리 모자 같았다. 가까이 다가가서 만져 보았다. 잘 뜬 건지는 모르겠지만, 아무튼 모자 모양은 갖추고 있었다. 색도 예뻤다.

"엄마, 나한테는 모자 한 번도 안 떠 줬잖아."

루다는 괜히 심술이 난 척해 보았다.

"너도 떠 줄까? 색깔 골라 봐."

엄마가 여러 색의 실 뭉치를 꺼내 보여 주었다.

"아냐, 됐어요. 난 야구 모자 두 개면 충분해. 아기들 거나 많이 떠 주세요."

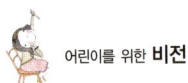

루다는 실 뭉치를 손가락으로 눌러 보면서 물었다.

"엄마, 이거 뜨니까 엄마가 진짜 엄마 같아."

"뭐야? 그럼 그동안은 엄마가 언니 같았니?"

"아니, 그게 아니고……. 음, 엄마가 그냥 부를 때 쓰는 이름의 엄마였는데, 지금은 엄마라는 의미 그대로의 엄마 같아."

"말이 어렵다, 루다야."

엄마가 수줍어하며 웃었다. 루다는 손가락으로 V자를 만들어 보여 주고는 가 버렸다. 루다 엄마는 루다의 말이 무슨 뜻인지 느껴졌다. 루다에게 따뜻한 말을 들어본 게 언제였는지 알 수 없었다. 참 오랜만에 딸에게 따스한 격려를 받아서 기분이 좋았다. 아프리카의 그 조그만 아기들이, 밤에 추워서 떨다가 폐렴에 걸려서 죽는다는 이야기를 듣고는 많이 속상했다. 작은 모자로 그 아이들을 지켜 주는 데 도움이 된다는 걸 알고는 아주 기뻤다. 그 어린아이들을 위해서 무언가 할 수 있다는 게 좋았다.

맑음이 엄마와 함께 당분간은 아기 모자만 뜨기로 했다. 아직 하나밖에 만들지 못했지만, 모자가 보물 같아 보였다. 보물보다 더 소중한 생명을 살리는 뜨개질을 할 수 있다는 게 얼마나 감사한가, 그런 생각이 들었다. 루다 엄마는 작은 모자를 뜨면서 기도를 곁들여 짰다.

'아가야, 건강하게 자라라.

아가야, 아프지 마라.

아가야, 무럭무럭 자라라.

아가야, 세상에 아름다운 사람이 되어라.'

같은 이야기를 그렇게 입속으로 계속 반복하면서, 루다 엄마는 얼굴도 모르는 작은 아기들을 생각했다. 너무 이르게 태어나서 40일 동안 인큐베이터에서 살다 집으로 온, 지금은 건강하게 크고 있는 루다를 생각했다. 루다가 건강히 커 줘서 고맙다는 걸, 그동안 잊고 있었다.

-가장 중요한 일부터 우선순위 정하기-
내가 지금 할 수 있는 일을 가장 중요한 것부터 3, 4가지 정도 적어 보세요.

1. 일요일에 내가 하는 일 중에 가장 중요한 것 3가지를 적어 보세요.
2. 내 습관 중에 버려야 할 습관은 무엇인가요?
3. 나에게 중요한 일과 중요하지 않은 일은 무엇을 기준으로 결정되나요?

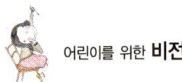
어린이를 위한 **비전**

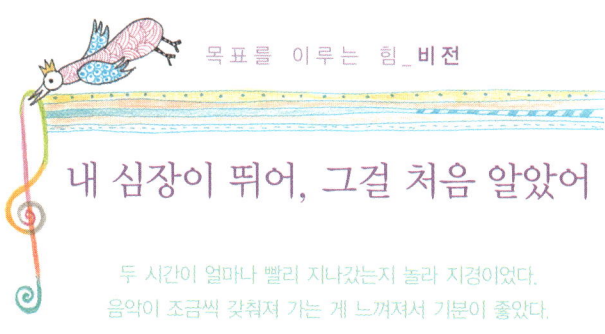

목표를 이루는 힘_비전

내 심장이 뛰어, 그걸 처음 알았어

두 시간이 얼마나 빨리 지나갔는지 놀랄 지경이었다.
음악이 조금씩 갖춰져 가는 게 느껴져서 기분이 좋았다.

"맑음아, 엄마 나갔다. 어서 기타 가져와 봐."

일요일이면 맑음이와 아빠만의 비밀 연습이 시작되었다. 한 달에 한 번은 아침 일찍 아빠가 고등학교 동창들과 등산을 가기 때문에 그날은 맑음이 혼자 연습했다.

"아빠! 내가 손가락이 짧은가 봐요. F코드가 아직도 잘 안 짚어져요."

"그 정도는 짧은 것도 아냐. 걱정하지 마라. 연습하면 다 짚어진다니까. 예전에 말이지, 유명한 사진작가가 있었어. 로버트 카

파라고. 그 사람이 뭐라고 한 줄 아니? 만약 당신의 사진이 마음에 들지 않는다면, 그것은 너무 멀리서 찍었기 때문이다."

"기타하고 사진하고 무슨 상관인데요?"

"하나를 가르치면 열을 알아야지. 너의 노력에 따라서 너의 성공이 결정된다는 거야. 코드 짚기에 너의 손가락이 짧다면, 너는 충분히 연습하지 않은 것이다. 그 말이야."

"그래서 그 사람은 가까이서 찍어서 성공했어요?"

"성공은 했는데……, 끝은 좀 그래."

"좀 그런 게 뭔데요?"

"전쟁 취재하러 갔다가 지뢰 밟고 죽었어."

"윽! 그래도 멋지긴 하다."

"아, 취소, 취소. 카파 얘기 취소다. 난 왜 이런 얘기를 애한테 하고 그러는 거지. 나도 주책없지. 자 오늘은 이 곡 쳐 보자."

"다정한 연인들? 아빠, 이런 거 말고요. 좀, 요즘 노래 치면 안 돼요? 이런 건 연습해도 써먹을 수가 없어요. 아빠 환갑잔치에나 써먹을까."

"나 참. 아빠가 아는 노래로 연습해야 가르치기가 좋아서 그런 거지. 나중에 넌 네가 좋아하는 노래로 아들 가르쳐라. 그러면 되잖니. 그게 공평하지. 그리고 이 노래 배우면 그다음엔 응용해서

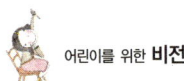

네가 악보 보고 치면 되잖아. 따지지 말란 말이야, 좀."

맑음이는 대체 아빠가 말하는 공평이라는 것이 무엇인지 알 수 없었다. 그리고 언제는 자기 의견을 잘 표현하라고 하시더니 이제는 따지지 말라고 하셨다. 맑음이는 속으로 계속 투덜거리면서 아빠가 고른 노래로 기타 연습을 했다.

이상하게도 아빠랑 연습하는 시간은 더 빨리 갔다. 엄마가 오는 시간 10분 전에 부랴부랴 연습을 끝내고, 기타를 벽장에 넣고 나서는 둘 다 침대에 쓰러져 누웠다. 엄마가 봉사 활동까지 다 끝내고 돌아와 보면 맑음이는 자기 방에서, 아빠는 거실 소파에서 낮잠을 자고 있었다.

"아니. 넌 공부 좀 하라고 했더니 또 잤니?"

"네, 할게요."

맑음이는 벌떡 일어나 책을 펴고 공부를 시작했다. 기타 연습을 많이 했으니 공부도 좀 해야 하긴 했다.

"야, 그거 뭐야?"

유니 가방에서 뭐가 삐쭉이 튀어나와 있었다. 아이들이 지나가면서 한 번씩 다 물어보았다.

"튀김 젓가락이냐?"

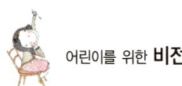

"무식한……."

유니는 복도에서 만난 아이들에게 차가운 눈길을 던지고는 교실에 들어와서 앉자마자 드럼 채를 꺼냈다. 그리고는 책상 위에 책을 두 권 얹어 놓고 박자 연습을 하기 시작했다.

드럼을 배우기 시작할 때는, 대체 언제 밴드에 들어가서 연주를 해 보나 생각했었다. 그런데 기회가 이렇게 빨리 올 줄 몰랐다. 아직 기초적 리듬밖에 치지 못하기 때문에 조금 불안했다. 멋지게 드럼 치는 모습을 보여 주려면 연습을 많이 해야 했다. 일단은 첫 연습에 가서 박자를 놓치지 않는 것이 목표였다. 언젠가 무대에 설 때 떨리지 않게 당당하게 드럼을 치고 싶었다. 그러려면 드럼 선생님 말대로 온몸이 알아서 리듬을 타야만 했다. 정말 잘하고 싶었다.

'일단은 쉬운 리듬의 노래로 연습하겠지. 설마 다른 애들도 다 처음 시작하는 건데 어려운 곡을 하지야 않겠지.'

유니는 드럼을 칠 때면 모든 고민도 걱정도 사라지는 기분이어서 정말 좋았다.

맑음이는 음악 연습실 문제로 자투리 밴드를 만나야만 했다. 그래서 자투리가 연습하는 시간에 맞춰서 가느라고 냉장고 안에 든 간식도 못 먹었다.

"저기요······."

문 앞에 서서 미리 기다리던 맑음이는 기타를 들고 연습실로 들어가려는 형에게 어렵게 말을 붙였다.

"어, 뭐?"

맑음이는 몇 번이나 연습했던 말을 쏟아냈다.

"저는 이 연습실을 토요일에 쓰기로 한 밴드 리더인데요. 시간이 좀 겹쳐서요. 혹시 연습 시간을 한 시간 뒤로 조절해 주실 수 있나 해서요. 부탁드리려고 왔어요. 저희는 이제 처음 밴드를 시작하는 거라서, 뭐가 뭔지 잘 모르지만, 아무튼 열심히 해 보려고 하거든요."

"그래, 알았다. 멤버들하고 의논해 볼게. 난 괜찮은데, 한 친구가 아르바이트 시간이 어찌 되는지 물어봐야 해."

기타 멘 형은 그러고는 문을 벌컥 열고, 쑥 들어가 버렸다. 맑음이는 다시 문을 두드렸다.

"저기요."

"또 뭐?"

"제 전화번호를 아셔야, 저에게 연락해 주실 거 아니에요?"

"아, 이래서 전용 연습실이 있어야 하는 건데. 여기서 그냥 기다려. 금방 디들 오니까 후딱 의논해서 결과 알려 줄게."

맑음이는 괜히 주눅이 들려는 자신에게 억지로 용기를 내라고 속삭였다.

"감사합니다. 저는 맑음이에요. 날씨가 맑은 날 태어나서요."

"이름은 안 물어봤는데, 거참, 부담되네. 난 정찬석이야. 거기 앉아. 그리고 조용히 있어라. 난 애들하고 말하는 거 싫거든."

"왜요? 애들이 말 못 알아들어서요?"

"아니. 너처럼 계속 뭘 물어봐서 싫어."

맑음이는 찬석이 형이라는 사람을 노려보았다. 아니 이래도 되는 건가? 친절이라는 건 이 세상에서 멸종된 건가? 기가 막혔다. 이렇게 어린이라고 마구 대해도 되는 건가 말이다. 일단 구석의 의자에 앉아서 다른 멤버들이 오기를 기다렸다. 제발 다른 멤버

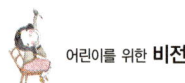

들은 친절하기를 기도하는 수밖에 없었다.

　찬석이 형은 가져온 기타를 잠깐 매만지더니 곧 혼자 연습을 시작했다. 맑음이가 옆에 있는 걸 금방 잊어버린 얼굴이었다. 빠르지는 않은 곡이었고, 베이스 기타로 하는 연주라 멜로디는 잘 알 수 없었다. 찬석이 형은 기타에 가려 보이지 않는 듯했다. 베이스 기타였는데 사람은 어디 가고, 기타만 살아서 소리를 내는 거 같았다. 뭐랄까, 음과 음이 서로 손을 잡고 강강술래를 하는 느낌? 아, 아니다. 그건 아니고 음들이 폭포처럼 쏟아져 내리는? 그것도 아닌데······. 맑음이는 답답했다. 이런 느낌을 표현하는 단어가 왜 없을까.

　6시 5분 전쯤 되자, 한 명이 들어왔고 6시 1분 전에 또 한 멤버가 또 도착했다. 6시 4분에 마지막 멤버가 도착했는데, 그 누나는 오자마자 지갑을 꺼내서 1만 원짜리 지폐를 찬석이 형에게 내밀었다. 찬석이 형이 기타를 치느라 받지 않자, 옆에 벗어둔 찬석이 형 옷 주머니 넣었다. 지각 벌금인 모양이었다.

　맑음이는 사람들이 들어올 때마다 일어서서 어색하게 인사를 했는데, 다들 웃기만 할 뿐 맑음이더러 왜 왔느냐고 묻지도 않았다. 정말 이상한 사람들이었다. 각자 자기 악기를 조율하고 악보를 챙기고 하는 동안 찬석이 형은 다른 멤버들은 신경도 안 쓰고 자기 연습만 했다. 콘트라베이스와 드럼, 베이스 기타, 피아노, 이렇게 네 명의 구성이었다. 보컬은 누가 하는지 궁금했지만, 맑음이는 빨리 자기 용건을 밝혀야만 했다.

"저기요. 저는 맑음인데요. 토요일에 이 연습실을 쓰기로 했어요. 그런데 연습 시간을 한 시간만 좀 뒤로 미뤄 주시면 안 되나요? 저희는 반짝이 반창고 밴드라고, 그러니까 이제 처음 시작하는 밴드인데요. 토요일에 자투리 밴드 연습 시간하고 시간이 좀 겹쳐서요."

"아, 그래서 온 거야? 난 찬석이 조카인지 알았어."

"왜요?"

"아니 뭐, 둘이 고집스러운 얼굴이 닮아서."

콘트라베이스를 들고 있던 형이 피식 웃으며 그렇게 말했지만, 맑음이는 하나도 웃기지 않았다. 피아노 악보를 들여다보던 두건 쓴 누나는 손짓해서 맑음이를 가까이 오라고 했다.

"한 시간만 우리가 늦게 하면 되니?"

"네. 학원에 가야 하는 친구가 있어서, 시간을 조정하기가 어려워요. 아시잖아요? 초딩들의 아픔."

"좋아. 내가 아르바이트 시간을 조정할게. 대신 넌 우리에게 뭐 해 줄 거니?"

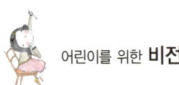
어린이를 위한 **비전**

"뭘 해 줘야 해요?"

맑음이는 또 다리에 힘이 빠졌다. 갈수록 태산이었다.

"하하하. 이 꼬마 진짜 귀엽다. 대신 우리가 공연하면 너희가 와서 박수 보내. 박수 부대. 알았어?"

"네, 그건 자신 있어요. 근데 무슨 음악 하시는 밴드예요? 록 밴드예요?"

"아……, 록, 그것도 좋은데 우리는 재즈 밴드야."

"아, 재즈……, 재즈 밴드."

찬석이 형이 맑음이의 말을 쳐내듯이 불쑥 소리쳤다.

"너 혹시 만두 좋아하니?"

"네."

"그럼 나중에 파출소 앞 만두 가게로 와. 내가 만두 한 접시 사 줄게. 내가 아르바이트 하는 만두 가게야."

맑음이 입이 옆으로 벌어지려는 걸 찬석이 형이 막았다.

"이제 협상은 끝났으니 가 봐. 우리는 연습해야 해."

"아……, 네, 고맙습니다. 안녕히 계세요."

맑음이는 성급히 문을 열고 나왔다. 어쩐지 무언가 손해 본 느낌이었지만, 아무튼 연습 시간 조절은 성공했다.

그런데 발이 떨어지지 않았다. 맑음이는 문에 귀를 대고 서 있었다. 조금 후에 연주가 시작되었고 방음 장치가 된 방이었지만 문에 귀를 대니 소리가 좀 들리긴 했다. 아무래도 기타 소리가 제일 궁금했다. 그런데 드럼 소리만 들렸다.

"에, 나빴다. 방음을 너무 했잖아."

맑음이는 아무튼 친구들에게 기쁜 소식을 알리려고 단체 문자를 재빨리 보냈다.

연습실 원하는 시간으로 확보 👻👻

연습 첫날이 되었다. 맑음이는 미리 기타를 꺼내 두려고 했지만, 도저히 엄마 몰래 꺼내 둘 장소가 없었다. 게다가 맑음이가

나가고 나서야 엄마가 나갈 시간이었다. 좀 미리 나가시려나 아무리 눈치를 봐도 그럴 기미가 없었다. 심호흡을 한 번 하고는 창고에서 기타를 들고 나왔다.

"다녀오겠습니다."

"어딜?"

부엌에서 나오던 엄마 눈이 휘둥그레졌다.

"아빠 기타는 왜 들고 나가니? 내다 팔려고? 벼룩시장에 나가려고?"

"그게 아니고요. 연습하려고요."

"너도 기타 치려고?"

"밴드 만들었어요."

"밴드? 고무줄 밴드?"

"농담 아니고요. 4명이서 같이 해요. 시간 없으니까 이따 말할게요."

"아니 넌 기타도 못 치면서 무슨 밴드를 한다고 그래? 이제부터 배워서 하려고?"

맑음이는 마음이 조마조마했지만 태연한 척 현관문을 열며 말했다.

"칠 줄 알거든요. 아직 잘 치지는 못하지만요."

놀란 엄마가 복도까지 따라 나왔다.

"네가 진짜 기타를 칠 줄 안단 말이야? 아니, 언제 배웠어? 왜 엄마한테 말도 안 했어?"

맑음이는 조마조마한 마음으로 엄마의 말에 되도록 친절하게 대답했다.

"열심히 해서 엄마 생일에 연주해 드릴 테니 기다려요."

"어머어머, 그래그래. 어서 다녀와라. 별일이 다 있구나. 신기해라. 하하하."

맑음이는 엘리베이터 문이 닫히자 한숨이 절로 나왔다.

"1단계는 통과다."

예상보다는 엄마 반응이 좋았다. 이 정도면 해 볼 만했다.

"우선 이 악보로 해 보자. 어렵게 구한 거야."

단호가 악보를 꺼냈다.

"너무 어려운 거 아니지?"

"어려운 걸 우리가 어떻게 해? 우리 큰형 친구가 실용 음악과 다니거든. 그래서 구해 준 거야. 두 형 어깨 안마하느라고 나 팔 부러질 뻔했다야."

악보를 들여다보고 맑음이는 조금 놀랐다. 단호가 구해 온 악

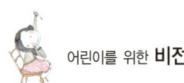

보는 기타와 드럼과 보컬이 부를 멜로디와 키보드가 다 따로 있는 진짜 밴드용 악보였다. 아주 유명한 노래는 아니지만, 다들 알고는 있는 동요풍 가요였다. 피아노 반주만 달랑 있는 문방구서 파는 악보를 몇 개 찾아서 들고 온 맑음이는 좀 부끄러웠다.

유니는 악보를 꼼꼼히 들여다보고는 말했다.

"난 자신 있어."

"내가 문제구나. 아휴."

맑음이는 악보를 보고 한숨이 나왔다. 초보자를 위해서 만든 악보인지 코드는 어렵지 않은 것으로 다섯 가지뿐이었고, 다행히도 맑음이가 다 아는 코드였지만 코드와 코드 사이를 자연스럽게 연결해서 넘어가는 게 아직 자신은 없었다.

"일단 박자를 조금 천천히 해서 시작해 보자."

"아냐. 틀려도 박자는 처음부터 정확한 게 좋을 거 같아. 틀려도 틀리는 대로 그냥 가 보자."

루다의 야무진 말에 다들 아무 소리 못 하고 각자 자기 악기 앞에 섰다. 서로 눈치를 보는 짧은 순간이 지났다.

"원 투 쓰리 포!"

용기를 내서 입을 먼저 뗀 루다가 자연스럽게 리더 역이 되고 말았다. 언제부터인가 자기가 이 반짝이 반창고 밴드의 리더라고 생각했던 맑음이는 순간 조금 당황했지만, 기타 코드 살피기에 바빠 오래 생각할 틈은 없었다. 짧은 전주가 나가고 멜로디가 나올 차례였다.

"까르르르 랄라라라라 허허허허 푸파파파파 웃음소리는 달라도."

단호의 목소리는 맑고 힘차서 듣기 좋았다. 게다가 단호는 노래할 때는 다른 사람 같았다. 보통 때는 말도 잘 안 하고 조용하고 눈에 띄지도 않는 아이였다. 3학년 때까지 어린이 중창단에서 노래를 불렀다고 하더니, 역시 중창단에서 훈련을 받아서 그런지 악보도 정확히 볼 줄 알았고 박자도 정확했다. 위태위태하지만 크게 무리 없이 곡이 끝났다. 긴 곡이 아니어서 다행이었다.

"우아."

서로에게 조금 놀랐다. 혼자 연습할 때와는 기분이 달랐다.

"다시 해 보자. 이번엔 조금 더 비트 넣어서 해 보자."

루다가 말하자 단호가 고개를 끄덕이면서 덧붙였다.

"이 뒷부분에 후렴 있잖아. 여기는 너희도 다 같이 불러. 나 혼자만 노래하니까 좀 허전해. 이 노래는 뒷부분이 좀 꽉 차게 불러 주는 게 좋을 거 같아."

"야, 난 기타 치기도 바빠 죽겠는데 노래까지 어떻게 해?"

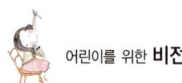

"곧 익숙해질 거야."

단호는 맑음이 어깨를 툭 쳤다. 맑음이는 노래도 할 기회가 생겨 실은 기분이 좋았다. 나중에 기타 치면서 혼자 노래도 부를 수 있는 멋진 모습을 보여 주고 싶은데, 이런 식으로 노래 연습도 틈틈이 해 두면 좋을 것 같았다.

두 시간이 얼마나 빨리 지나갔는지 놀랄 지경이었다. 한 곡으로만 연습을 하는 바람에 좀 지겨울 뻔도 했지만 악보가 하나뿐이라 어쩔 수가 없었다. 신기하게도 할 때마다 음악이 조금씩 갖춰져 가는 게 느껴져서 기분이 좋았다.

"5분 전이다. 정리해 줘."

관리실 직원이 문을 두드리고는 소리치고 지나갔다. 마침 막 연주가 끝난 넷은 서로 얼굴을 바라보았다.

"벌써?"

"이럴 수가."

"안 돼."

"네 시간 예약할걸."

넷은 그렇게 각자 중얼거렸다.

"다음 시간엔 뭐 연습하지?"

유니가 드럼 채를 챙기면서 물었다.

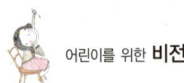

"내가 작곡한 거 가져와 볼까?"

루다가 중얼거리듯 말하자, 다들 손뼉을 쳤다.

"좋아. 그것도 연습해 보자. 우리 밴드만의 곡이 하나 있으면 멋지지."

단호가 루다의 말을 환영해 주면서 환하게 웃었다. 맑음이는 기타를 상자에 넣으며 말했다.

"진짜 내 심장이 뛰네. 처음 알았어."

다른 친구들도 그 말이 무슨 뜻인지 확실히 알 수 있었다. 정말 심장이 뛰었다.

기타를 들고 집으로 가면서 맑음이는 심장이 더 떨렸다. 이제 집에 가서 엄마와 승부를 내야만 했다. 그러나 막상 집에 들어가자, 엄마는 아빠와 전화 통화를 하고 모든 걸 다 파악한 뒤였다.

"어이, 아들. 너 그럴 수 있니? 엄마만 쏙 빼고 아빠랑 둘이 그렇게 연습을 했어?"

"엄마가 싫어할까 봐."

"엄마가 아빠랑 어떻게 결혼했는데. 엄마가 이래 봬도 음악 애호가야. 너 그거 몰랐어?"

"알아요. 아빠가 말해 줬어요."

"좋아. 음악을 취미로 하는 건 찬성이야. 대신 그 시간만큼 컴퓨터 시간에서 빼는 거야."

"알았어요."

"엄마 생일에도 연주해 줄 거지?"

"날마다 해 줄게요."

"좋아, 그것도 좋아. 음악은 취미로만 하는 거야. 알았지? 우리 맑음이, 기타 들고 다니니까 되게 멋지다. 우아, 여자 애들이 줄줄이 쫓아오면 어쩌지!"

맑음이는 기타를 당당히 들고 방으로 들어가면서 중얼거렸다.

'제발 좀 엄마 말대로 그래야 하는데, 아무 소식이 없다고요. 이거야, 원.'

맑음이는 책상 위에 기타를 올리고 씩 웃었다. 이제 엄마에게도 허락받았으니 기타를 벽장에 넣지 않아도 좋았다.

다음 연습 시간에 루다가 멜로디와 간단한 피아노 반주뿐인 악보를 네 부 복사해서 가져왔다. 〈나는 내 길로 간다〉라는 비장한 제목이었다. 아직 가사는 없었다.

"오, 제목이 일단 너무 멋진걸. 기타 코드는 없는 악보네."

맑음이가 제목을 보고는 피식 웃었다.

"가사도 없잖아. 난 라라라라만 부를까?"

단호가 묻자 루다가 웃었다.

"아직 가사가 완성이 안 되었어. 다음 시간에 가져올 수 있어. 너희 의견도 말해 주면 참고해서 고쳐 볼게. 어떤 내용으로 쓸 거냐 하면, 이런 거야. 세상엔 많은 길이 있지만, 어느 길이 제일 멋진 길인지 알 수는 없다. 나는 내 길로 간다. 내 길이 나에게 제일 멋진 길이니까. 그런 내용이야."

"너무 무게 잡는 거 아니니? 간단하게 쓰지."

유니가 심드렁하게 대꾸하자, 루다도 웃었다.

"맞아. 좀 심각한 게 문제야. 그래서 나도 더 편한 가사로 바꾸고 싶어서 아직 완성 못 한 거야."

일단 루다가 키보드로 멜로디를 연주해서 들려주었다. 연주가 끝나자, 루다가 친구들을 바라보았다. 단호는 가만히 있었다. 유니는 드럼 채로 자기 무릎을 틱틱 쳤다. 눈치 없는 맑음이가 성급히 말했다.

"야, 이거 그 노래 아냐? 뭐지? 드라마 〈새처럼〉에 나왔던 그 주제가 있잖아. 주인공이 요트 타고 바다로 나갈 때마다 나오던 그 음악……. 그래 그거랑 무척 비슷하다. 그렇지?"

"그렇게 들려?"

루다 얼굴이 하얘졌다. 루다는 이 멜로디를 작곡하느라고 며칠을 잠도 줄여 가면서 악보를 그려댔다. 키보드로 쳐 보고 음표를 그리고 다시 쳐 보고, 수만 번은 그렇게 한 기분이었다. 그런데 친구들의 평가가 겨우 많이 들어 본 곡 같다는 거라니, 너무도 실망스러웠다.

　"진짜 비슷하다니까, 느낌이."

　"그럼 내가 그 곡을 표절했다는 거야?"

　루다의 목소리가 떨렸다.

　"비슷한 걸 어떡해? 우리 귀가 그런 걸. 아무튼 이게 완성된 거는 아니지? 고치면 되지 뭐."

　맑음이의 말에 루다는 힘이 탁 풀렸다. 완성한 곡이었다.

　"고쳐 올게."

　루다가 악보를 도로 걷자, 맑음이는 안심이 된다는 표정으로 친구들에게 물었다.

　"그런데 우리 무슨 목표를 하나 세우고 연습해야 하지 않을까?"

　"연습해서 3년 후에 청소년 가요제 나가자고?"

　유니가 시큰둥하게 말하자, 단호가 맑음이 편을 들었다.

　"맑음이 말이 맞아. 3년 후는 너무 멀어. 일단 가까운 목표를

어린이를 위한 비전

하나 세우고 또 먼 목표도 세우고 그렇게 하는 게 좋겠어. 그래야 우리가 연습하는 게 훨씬 쫌쫌해지잖아."

"쫌쫌해진다고? 그런 말도 있어?"

"몰라. 내가 만든 말인데……. 히히히, 느낌은 무슨 말인지 알겠지?"

"좋아. 촘촘인지 쫌쫌인지, 아무튼 잘 해 보자, 그거잖아. 기말고사 끝나고 나선 집중적으로 연습해서, 방학식에 전교생 앞에서 연주하자. 교장 선생님께는 내가 허락받을 자신 있어."

단호는 학교 강당에서 공연해 보고 싶었다.

"아, 그러면 최소한 세 곡은 연습해야겠네. 두 곡은 기본 연주, 한 곡은 앙코르 곡."

맑음이의 말에 다들 다시 긴장했다.

"야야 빨리 연습하자. 떠들 시간 없다."

단호가 또 새로운 악보를 꺼내서 나눠 주었다. 이번엔 포크송 〈오블라디 오블라다〉였다. 맑음이는 어려운 코드가 있나 살피느라, 루다가 자존심이 상해서 얼굴이 하얘진 채 가만히 있는 걸 눈치 채지 못했다. 유니는 루다의 옆구리를 지나가면서 팔꿈치로 슬쩍 밀었다.

"네 곡은 우리 반짝이 반창고 밴드 대표곡이 될 거야. 다시 잘 만들어 가져 와."

"야, 아프잖아. 왜 사람을 치고 난리야."

루다가 짜증스럽게 말했다. 아플 정도로 친 게 아니었지만, 유니는 루다에게 사과했다. 루다는 정말 기분이 안 좋아 보였다.

"아, 미안……."

그렇게 말은 했지만 유니도 기분이 썩 좋은 건 아니었다. 다른 때 같으면 유니도 루다에게 따끔한 소리를 했을 테지만, 유니는 연습실에서는 그런 일로 아까운 시간을 보내고 싶지 않았다. 연습이 막상 시작되자, 넷은 또 다 이런저런 일을 잊어버렸다. 지난 시간에 맞춰 보았던 곡을 다시 연습하고 새 곡을 연습하는 데 두 시간은 너무 짧았다.

맑음이는 기타 소리가 다른 소리에 묻혀서 잘 들리지 않는 게 영 마음에 걸렸다. 마이크가 있다면 기타 소리만 더 크게 해서 들려주겠지만, 연습실에 그런 시설은 없었다. 전자 기타를 빨리 사야겠다는 생각이 들자, 그동안 저금을 많이 안 해 둔 것이 후회되었다. 다음 생일 선물로 엄마 아빠에게 전자 기타를 말해 봐야겠다는 생각이 들었다. 엄마는 보나 마나 성적이 오르면 사 준다고 하겠지만, 일단 말은 해 봐야겠다고 결심했다.

연습을 끝내고 집으로 오면서 루다도 이런저런 생각이 많았다.

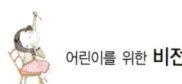

'내가 만든 곡이 왜 다른 곡하고 그렇게 비슷하게 들렸을까? 내 머릿속에 남의 곡들이 너무 많이 들어 있어서일까? 내가 내 느낌으로 만들었다고 생각한 것도, 실은 다 남의 것들을 모아서 만든 거였단 말이야? 말도 안 돼.'

루다는 처음 작곡을 해 봐야겠다고 생각했을 때의 자신감이 땅으로 툭 떨어지는 느낌이었다. 용기가 새로이 필요했다.

- 꼼꼼한 시간관리 습관 기르기 -
비전을 세우고 그 꿈을 이루려면, 시간을 알뜰하게 사용할 줄 알아야겠지요?

1. 날마다 오늘의 할 일을 적어요.
2. 한 달 계획표와 일 년 계획표를 짜 보아요.
3. 짧은 시간으로 여러 번 하면 좋은 일과 긴 시간으로 가끔 하면 좋은 일이 각각 무엇일까요?

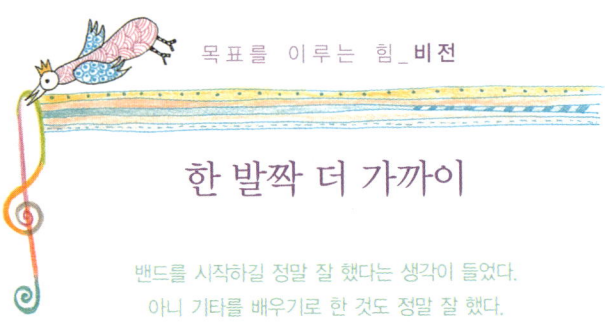

목표를 이루는 힘_비전

한 발짝 더 가까이

밴드를 시작하길 정말 잘 했다는 생각이 들었다.
아니 기타를 배우기로 한 것도 정말 잘 했다.

맑음이는 파출소 앞으로 지나다가, 재즈 밴드 자투리의 찬석이 형이 만두 가게에서 일한다는 말이 생각났다. 슬그머니 들어가서 형이 있나 보려고 했는데 딱 눈이 마주쳤다.

"어, 오늘의 날씨! 잘 왔다."

"오늘……의 날씨는 뭐예요?"

"너 이름이 뭐 그런 거였잖아. 오늘의 날씨, 그런 거랑 비슷한……, 뭐더라."

맑음이는 피식 웃고 말았다.

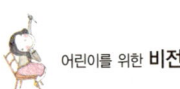
어린이를 위한 **비전**

'아니 뭐 대학생이 이래. 우리 엄마 기억력하고 똑같잖아.'

"잘 왔다. 자 이거 먹어. 간장은 많이 찍지 마."

찬석이 형은 맑음이를 1인용 탁자에 앉히고는 만두를 4개 내밀었다. 그 중 두 개는 녹차 만두인지 만두피의 색깔이 연초록색이었다.

"애걔걔, 이게 1인분이에요?"

"야, 넌 공짜로 주는 건데 1인분을 다 주겠냐? 반만 주는 거지. 1인분 다 주면 아빠가 내 월급에서 깎거든."

맑음이는 얼른 주방 쪽을 쳐다보았다.

'커다란 찜통 앞에 서 계신 분이 찬석이 형의 아빠? 그러고 보니 정말 코가 닮았다.'

맑음이는 속으로만 조금 웃었다. 만두를 하나 먹어 보았다. 만두가 진짜 맛있었다. 크기도 커서 8개를 혼자 다 먹으면 배가 무척 부를 뻔했다.

"그래. 밴드 연습은 할 만하니?"

형은 그렇게 질문을 하고는 대답도 듣지 않고, 또 다른 손님들에게 단무지를 새로 더 가져다주고 접시를 치우고 자기 할 일을 다 하고 다시 왔다.

"냅킨으로 잘 닦아라."

찬석이 형은 냅킨을 집어 주고 물도 갖다 주었다. 원래 물은 손님들이 스스로 가져다 먹어야 했다.

"잘 먹었습니다. 만두 얻어먹으려고 온 거는 아닌데요. 그게."

"알아. 나 보고 싶어서 왔지? 너만 할 때는 늘 배고프지."

"네?"

"하하, 나중에 연습실에서 보자. 내가 언제 일찍 가서 너 하는 거 구경할게."

"네. 그러면 연습실에서 만나요."

"잘 가. 오늘의 날씨."

"맑음이에요. 맑음."

"아, 맞다. 오늘의 날씨 맑음."

만두 가게에서 나온 맑음이는 기분이 좋아서 히죽히죽 웃으며 걸었다. 만두를 얻어먹어서만은 아니었다. 뭐랄까. 오늘도 내일도 좋은 일들만 일어날 것 같은 그런 기분이었다.

손가락에 생긴 굳은살을 찬석이 형에게 보여 줄 걸 하는 생각이 들었다.

밴드를 시작하길 정말 잘 했다는 생각이 들었다. 아니 기타를 배우기로 한 것도 정말 잘 했다. 글쓰기 교실에 들어간 것도 참 잘 했다. 밴드 친구들도 정말 잘 골랐다. 특히 연습실 구하러 갔던 건, 정말 정말 잘 했다. 기타를 치는 사람들끼리는 뭔가 통하는 게 있어서 더 좋았다.

"너 기타 연습 안 하니?"

집에 오자마자 엄마가 맑음이에게 물었다. 요 며칠 계속 그랬다. '숙제 다 했니?'라는 말처럼 들렸다. 그런데 몰래 할 때는 그렇게 기타 연습을 하고 싶더니, 이상하게 엄마가 들을 때는 연습을 하고 싶지 않았다. 아직 서툴러서 엄마가 들으면 흉볼까 봐 부끄럽기도 했다.

"하고 싶을 때 할 거예요."

"너무 시끄럽게는 하지 마라. 아파트는 아무래도 소리가 다 새 나가잖아."

맑음이 엄마는 맑음이가 밴드를 한다고 나서서 영 불안하기만 했다. 그렇지만 하지 말라고 말리면 더 하고 싶어질 거라는 맑음이 아빠 말에 기타 연습을 허락했다. 그런데 막상 허락을 하고 나니, 엄마의 마음이 왔다 갔다 했다.

맑음이가 연습을 안 하면, '아니 저 녀석은 뭘 하나 시작하면 제대로 할 것이지, 어영부영하는 꼴 좀 봐.' 하는 마음과 맑음이가 연습을 열심히 하는 걸 보면, '저러다 음악을 직업으로 하겠다고 나서면 어쩌지.' 하는 걱정이었다. 이래도 저래도 다 걱정이었다.

'어휴, 겨우 4학년인데 뭐. 하고 싶은 거도 좀 하고 그래야지.'

맑음이 엄마는 자신에게 그렇게 몇 번이나 말했다.

루다는 엄마의 변화가 놀랍기만 했다. 아기 털모자를 떠야 한다고 연속극도 안 보는 엄마로 변할 줄은 정말 몰랐다.

"엄마, 그거 언제까지 하는 거야? 몇 개 떠야 끝나?"

"아기야 계속 태어나지. 그런데 모자를 보내 주는 봉사는 다음 달까지만 하는 거라서 그 후엔 어찌 될지 모르겠다. 모자 뜨는 거

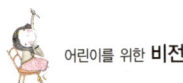

접수 안 받으면 다른 봉사 해야지."

"무슨 봉사?"

"알아보니까 후원받는 아이들이 후원자들에게 일 년에 한 번씩 편지를 쓴다는 거야. 그런데 그 편지를 번역해 주는 봉사가 있더라."

"영어를 한국말로 번역하는 거야? 엄마 영어 잘해? 엄마는 영문과 나온 것도 아니잖아."

"나 원. 루다야……. 네 엄마가 그렇게 아무것도 못 하는 그런 사람 아냐. 영어로 통역하라면 어렵지만, 아이들이 쓴 짧은 편지는 사전 찾아가면서 얼마든지 번역할 수 있어."

"정말?"

루다가 미심쩍어하자, 루다 엄마는 한숨이 나왔다.

"내가 그동안 헛살았어. 딸도 이렇게 날 못 믿다니."

"아니 믿을게. 우리 엄마는 뭐 한다고 하면 잘할 거야. 믿어, 믿어."

루다는 오랜만에 엄마 팔에 매달려서 웃었어. 엄마가 참 귀엽다는 생각이 들었다.

"우리가 홍대 앞에서 연주하거든. 다음 주 토요일 저녁이야.

너희도 구경 올래?"

연습실 앞에서 찬석이 형이 맑음이에게 물었다. 맑음이는 그 말을 듣자마자 1초도 생각하지 않고 대답했다.

"당연하죠. 꼭 갈게요. 가는 방법만 가르쳐 줘요."

맑음이가 반짝이 반창고 친구들에게 입장권을 보여 주며 다음 주 토요일은 연습 대신 연주 구경을 가자고 했다.

"그것도 좋은 생각인데, 그러면 몇 시에 끝나는 거야?"

루다가 수첩을 들여다보면서 물었다.

"원래 다 끝나려면 10시래. 근데 자투리 공연이 중간쯤 있어서 그거만 보고 8시 반쯤 나오면 될 거 같아."

그렇게 말해 놓고 나니 맑음이도 약간 걱정이 되기 시작했다. 그래도 집에 오면 10시가 다 된다는 얘기인데, 엄마에게 뭐라고 말을 해야 할지 알 수 없었다.

"월요일이 기말고사 시작인데 난 못 가. 아마 그러면 우리 엄마는 당장 이 밴드 연습도 그만두라 할 거야."

루다는 딱 잘라서 못 간다고 했다. 단호는 가만히 서서 입장권을 내려다보았다. 가 보고 싶지만 루다 말을 듣고 나니 갈 자신이 없었다.

"방학 때 또 공연 볼 기회가 있을 거야. 일단은 기말고사부터

어린이를 위한 비전

봐야지. 자투리 밴드 공연은 다음에도 볼 수 있잖아."

유니도 한 걸음 물러서는 걸 보고, 맑음이는 갑자기 오기가 생겼다.

"알았어. 내가 대표로 다녀올게."

"너 가도 되겠어? 너희 엄마가 가만있으시겠니?"

맑음이 엄마 성격을 잘 아는 루다가 걱정스럽게 물었다.

"우리 엄마 많이 변했어. 그리고 지하철 안에서 공부하면 되지. 자투리 공연만 딱 보고 오면 시간 많이 안 걸릴 거야."

맑음이는 찬석이 형과의 약속을 꼭 지키고 싶었다. 자투리 밴드가 공연하면 박수를 쳐 주기로 했던 약속이 있었다.

"그러면 그날 우리 연습은 안 하는 거지? 넌 홍대 앞에 가야 하고, 우리는 시험공부 해야 하고."

"그, 그래. 그래야지 뭐."

덜컥 큰소리를 쳐 놓고 나니, 가지 않으면 안 되게 생겼다. 혼자서 지하철을 타고 홍대 앞으로 가면서 맑음이는 내내 불안했다. 수학 학원에 직전 보충을 간다고 엄마에게 거짓말을 하고 공연을 보러 가는 게 과연 잘 하는 짓인가. 나중에 엄마가 어차피 알게 될 텐데, 그러면 엄마가 어떻게 화를 낼지도 눈앞에 훤했다.

'어차피 가기로 한 건데 즐겁게 가자. 좀, 그러자고. 내일 일요일이니까 늦잠 안 자고, 텔레비전도 안 보고, 공부하면 되지 뭐. 맑음이, 화이팅!'

맑음이는 스스로 그렇게 타이르고 위로하고 격려했다. 인터넷에서 찾은 공연장 지도를 잘 출력해서 들고 갔지만, 한 번도 가 보지 않은 동네인데 잘 찾을 수 있을지도 겁났다. 다행히 지도가

어린이를 위한 비전

정확해서 맑음이는 공연 시간 15분 전에 공연장에 도착했다.

"어. 너, 몇 살이냐?"

초대권을 확인하던 아저씨가 맑음이에게 물었다.

"우리 형이 오늘 공연해요. 자투리 밴드예요."

"아니 그건 다 좋은데. 여기는 술 파는 클럽으로 등록돼서, 애들은 입장 못 해. 미안하다."

"네?"

맑음이는 당황했다.

'아니 여기까지 왔는데 못 들어가다니, 나중에 애들에게 뭐라고 말하란 말이야. 진짜.'

맑음이는 계속 문 앞에 서서 들어가는 사람들을 바라보았다. 자투리 밴드 단원 누구라도 나타나면, 어떤 방법을 쓰더라도 연주를 볼 수 있게 해 줄 거라 믿었다. 하지만 이미 공연장 안에 들어가 있어서, 만날 수가 없었다.

"안 된다니까. 그만 가 봐라. 더 크면 와."

문 앞에서 입장권을 받던 아저씨가 다시 그렇게 말했다.

"하지만 전 공연 봐야 하거든요. 자기 진로에 대한 탐구학습 숙제해 가야 해요. 제 꿈이 음악공연 기획경영이거든요."

숙제라는 말에 입장권 아저씨는 조금 흔들리는 표정을 지었다. 맑음이는 한 번 더 애절하게 말했다.

"인터뷰도 해야 하고요, 사진도 찍어서 보고서 써서 내야 해요."

"요즘 애들은 참 힘들게 학교에 다니는구나. 인터뷰는 나랑 해. 내가 이 밴드들 생활을 다 꿰고 있거든."

입장권 아저씨는 줄이어 들어오는 손님들에게 표를 받으면서, 맑음이와도 계속 얘기했다.

"하지만 저는 음악공연 기획에 대해서 관심이 있기 때문에······."

"네가 뭘 모르는 모양인데, 표 팔고 표 받고 손님들 취향 파악하는 거, 이게 모든 공연의 기본인 거야."

"아 그런데 저는 꿈이 그게요. 저······."

맑음이는 어찌할 바를 몰라 말까지 더듬기 시작했다.

"야 인마, 그러면 나는 문 앞에 이렇게 서 있는 게 꿈이겠냐? 꿈도 단계가 있는 거지. 하긴 너만 한 애가 뭘 알겠니. 나도 이 나이 돼서야 안 건데."

"그런데 저는 꼭 저기 들어가서 공연을 봐야 해요. 저는 술 안 마셔요. 물도 안 마실게요. 숙제해 가려면 꼭 봐야 한다니까요."

"너 하나 때문에 우리가 클럽 문 닫아야겠느냐고?"

"숨어 있을게요. 말썽 안 피우고."

입장권 아저씨가 잠깐 생각하더니 누군가를 악을 쓰며 불렀다. 클럽 안을 들여다보니, 사람들이 바글바글하고 음악 소리가 나서 정말 복잡했다. 어떻게 알아듣고 왔는지, 치렁치렁한 치마를 입은 키가 작은 누나가 뛰어나왔다.

"얘 좀 처리해 줘라. 공연 꼭 봐야 한다니까 2층에 베란다 앞 창고 있지? 거기다 넣어 줘."

입장권 아저씨 손등에 뽀뽀라도 하고 싶었다. 맑음이는 재빨리 안내해 주는 누나를 따라서 비상계단으로 올라갔다.

"바빠 죽겠는데, 별걸 다 시키는구나. 너 운 좋은지 알아."

"네, 예쁜 누나."

2층이라고 할 수 없는 다락 같은 곳에, 창고라고도 할 수 없는 공간이 있었다. 거기에 신문지를 깔아 주면서 앉으라 했다. 무대는 반밖에 보이지 않았다. 조명 기구 부속 같은 것을 넣어 두는 곳이었다.

"그래도 여기가 소리는 제일 잘 들린다. 명당이야."

"감사합니다. 예쁜 누나."

시끄러워서 맑음이는 소리를 질러야 했다.

"자식, 사회성은 좋네."

맑음이는 자투리 밴드의 공연을 보러 왔다는 걸 다 잊어버렸다. 무슨 곡인지는 몰랐지만 멋지게 연주하는 걸 듣고 있자니 정말 부러웠다. 어떤 밴드는 앙코르를 두 번이나 받아서 사회자가 시간상 앙코르는 더 받지 못한다고 관객들을 진정시켜야만 했다. 그 밴드는 이미 유명한 밴드인지, 관객들이 밴드 연주자들의 이름을 부르고 난리였다. 색소폰 부는 연주자가 특히 인기가 많은 모양이었다.

드디어 자투리 밴드가 공연을 시작했다. 조명을 비추자 사람들이 달라 보였다. 특히 기타 치는 찬석이 형이 정말 멋졌다. 인터넷 기타 교실에서 동영상으로 유명한 기타리스트들의 연주도 많이 들었지만, 찬석이 형의 기타 연주는 정말 사람 마음을 쥐어뜯는 무언가가 있었다.

"우아……!"

자투리 밴드의 연주가 끝나고, 맑음이는 있는 힘을 다해서 박수를 보냈다. 그런데 밴드 멤버들이 무대에서 다 나가기도 전에 박수 소리가 끝나 버렸다. 맑음이는 혼자서 박수를 보내다가 사람들이 위를 쳐다볼까 봐 그만두었다. 클럽에 출입하면 안 되는 미성년자이기 때문에, 조용히 있어야만 했다. 다음 팀이 나오자마자 사람들은 휘파람을 불고 난리였다.

'뭐야, 아직 연주도 안 했는데 왜 난리지?'

눈치를 보니 오늘 나온 밴드 중에서 제일 인기가 많은 밴드였다. 맑음이는 자투리 멤버들을 따라서 집에 가야겠다는 생각이 들어서, 인기 밴드의 음악은 듣지 않고 밖으로 살짝 나왔다.

벌써 깜깜했다. 클럽 밖으로 나오니 공기가 시원했다. 재즈 음악 대신 시끄러운 차 소리와 사람들이 떠드는 소리가 길에 가득 차 있었다. 아무리 기다려도 자투리 밴드 멤버들은 나오지 않았다. 맑음이는 다시 혼자 지하철을 다고 집으로 가면서 엄마에게 뭐라고 말할까 고민했다.

"너 휴대 전화는 왜 꺼났니? 말도 안 하고 재즈 공연을 너 혼자 보러 가? 네가 뭐 아주 다 큰 애인 줄 알아? 아니 홍대 앞이 어디라고 혼자 가느냔 말이야."

집에 들어오자마자, 엄마가 대답할 틈도 안 주고 소리를 질렀다. 맑음이는 다 예상했던 일이라 아무렇지도 않았다. 이미 엄마는 맑음이가 어디 갔다 온지, 루다에게 다 들어서 알고 있었다. 게다가 엄마의 말을 들어 보니, 혼자 먼 길 다녀온 것을 더 걱정하는 눈치여서 다행이었다.

"공연 중에 휴대 전화 끄는 게 예의잖아. 엄마 나 시험공부 빨

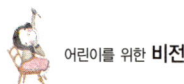

리해야 하거든. 말 시키지 마세요. 시험 끝나고 야단맞을게."

"뭐야?"

"지금 야단맞는 게 중요해요? 시험공부 하는 게 중요해요? 월요일이 시험인데."

"어머! 너 이거 어디서 배운 수법이니. 능글맞아진 거 봐. 기가 막히네. 어쩜 지 아빠랑 똑같니."

"엄마 정말 정말 사랑해."

맑음이는 그렇게 외치고는 자기 방으로 쏙 들어가 버렸다. 맑음이 엄마는 다행히 쉽게 물러섰다. 맑음이 말대로 지금 어차피 공연 보고 온 것을 야단쳐 봐야, 시험공부할 시간을 뺏는 결과밖에 안 되었다. 문제집을 펼치면서 맑음이는 찬석이 형을 생각했다. 그렇게 열심히 연주하는데 박수도 많이 받지 못하고, 얼마나 속상할까.

'음. 내가 얼른 커서 찬석이 형을 스타로 만들어 줘야지.'

공부를 마치고 자려는데, 휴대 전화로 문자가 왔다. 모르는 번호였다. 그냥 지우려다가 혹시나 하고 들여다보았다.

아니, 오늘 너 클럽에 왔었다면서? 이런, 누추한 꼴을 보였구나.
자투리 기타리스트.

맑음이는 벌떡 일어나 앉아서 다시 문자에 답을 했다.

어어 형. 오늘 연주 정말 멋졌어요. 존경하기로 했어요. 그런데 관객들이 영 수준이 떨어져요. ^^;
됐다, 아부는……. 고맙군. 열심히 하다 보면 언젠가 알아주겠지. 일단 너는 알아주잖아. 그게 어디냐. 사실은 안 알아줘도 괜찮고. 내가 누구랑 싸움 안 하고 음악하는 거, 이거 세계 평화에 이바지하는 거잖아. 그렇지? 잘 자. 끝.

맑음이는 누워서 눈을 가늘게 뜨고는 생각했다.
'음악으로 세상을 사랑하는 법을 배운다면 정말 멋지잖아. 그리고 음악으로 세상을 평화롭게 만든다면 그건 더 멋지잖아.'
맑음이는 손을 배 위에 올리고 이불 속에서 기타 코드를 연습하다 잠이 들었다.

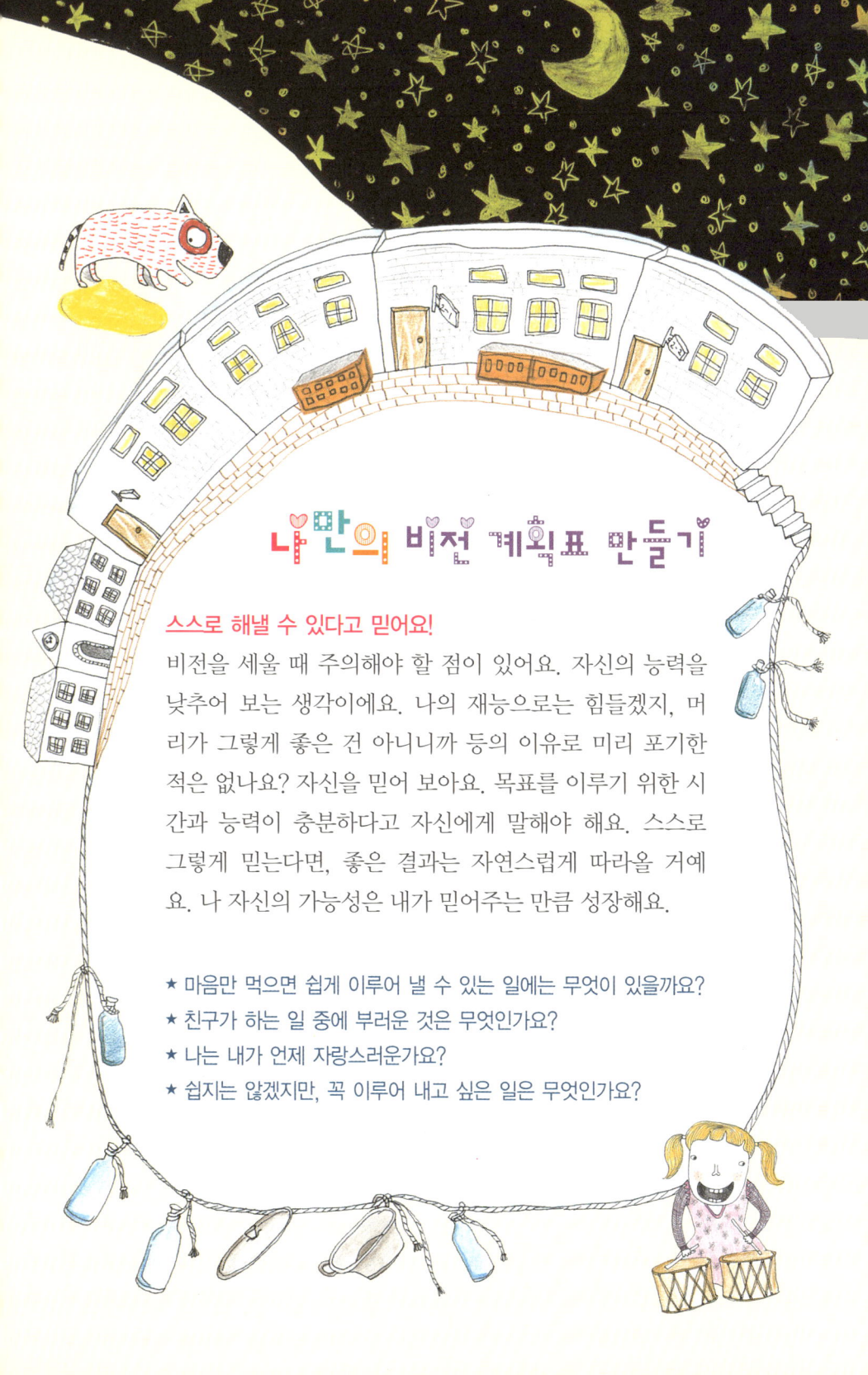

나만의 비전 계획표 만들기

스스로 해낼 수 있다고 믿어요!

비전을 세울 때 주의해야 할 점이 있어요. 자신의 능력을 낮추어 보는 생각이에요. 나의 재능으로는 힘들겠지, 머리가 그렇게 좋은 건 아니니까 등의 이유로 미리 포기한 적은 없나요? 자신을 믿어 보아요. 목표를 이루기 위한 시간과 능력이 충분하다고 자신에게 말해야 해요. 스스로 그렇게 믿는다면, 좋은 결과는 자연스럽게 따라올 거예요. 나 자신의 가능성은 내가 믿어주는 만큼 성장해요.

★ 마음만 먹으면 쉽게 이루어 낼 수 있는 일에는 무엇이 있을까요?
★ 친구가 하는 일 중에 부러운 것은 무엇인가요?
★ 나는 내가 언제 자랑스러운가요?
★ 쉽지는 않겠지만, 꼭 이루어 내고 싶은 일은 무엇인가요?

어린이를 위한
비 전

vision 3   목적지까지 한 걸음씩

비전을 세우고 나의 미래의 모습을 완벽하게 그렸다면 이제
한 걸음 한 걸음 걸어가야 해요. 서두르지 말고 이제부터 시작이에요.
목표를 정해서 하나씩 해 나가면 되는 거예요.
실패하는 일이 있더라도 다시 일어서면 되니까, 두려워할 필요도 없어요.
자, 이제 한 걸음 내딛어 볼까요?

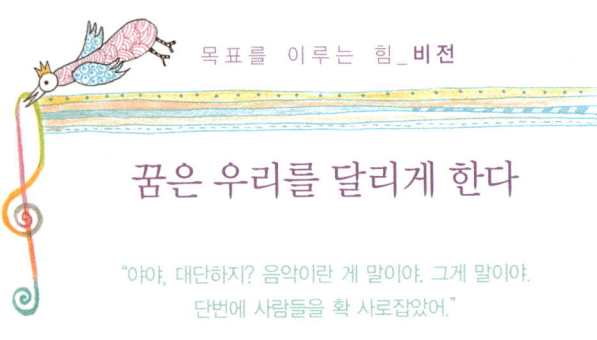

목표를 이루는 힘_비전

꿈은 우리를 달리게 한다

"야, 대단하지? 음악이란 게 말이야. 그게 말이야.
단번에 사람들을 확 사로잡았어."

밴드 연습에 큰 문제는 없었지만, 사소한 일로 자주 신경을 곤두세웠다.

"어어 너 늦었어."

루다가 인상을 썼다. 늘 부지런하게 일찍 와서 기다리던 단호가 늦었다.

"미안, 미안."

"네가 3분 늦으면 우리 연습 시간이 줄잖아. 그렇지 않아도 시간이 모자라는데. 학기말 곧 온다고."

어린이를 위한 비전

"알아, 알아. 연습하자, 연습."

단호가 루다 악보를 간추려 주면서 웃었다. 단호가 웃으면 루다는 더 화를 낼 수가 없었다.

"참 네가 작곡한 곡은 언제 다시 볼 수 있는 거니?"

유니가 드럼 채를 집어 들면서 물었다.

"계속 고치고 있는데 맘에 안 들어. 또 너희가 싫다고 하면 안 되잖아."

루다는 살짝 기분이 나빠지려고 했다.

"그러다 우리 다 늙겠다. 그만 가져와 봐. 이제 연습 들어가야지 학기말에 공연하지."

"알았어. 다음 시간에 고친 거 한번 가져와 볼게. 완벽하진 않지만 말이야."

"일단 우리에게 메일로 보내 봐. 다들 연구해 보자."

맑음이가 그렇게 말하자, 루다가 발끈했다.

"날 그렇게 못 믿는 거면 너희가 하나씩 작곡해 와. 그래서 제일 좋은 곡을 골라서 연주하면 될 거 아니야."

루다가 그렇게 화를 내자, 갑자기 분위기가 싸늘해졌다. 맑음이는 자기 말에 루다가 화를 내서 어찌할 바를 몰랐다.

"아니 난, 너 혼자 고민하는 게 미안해서, 그래서 조금씩 도울 방법이 없을까 생각해서 그런 건데."

"알았어. 미안해."

어쩐 일인지 순순히 루다가 미안하다고 해서 맑음이는 놀랐다.

"연습하자. 시간 다 돼 간다."

유니가 드럼 채를 높이 쳐들었다. 유니의 말에 연습이 시작되었다. 막상 연주가 시작되면 이런저런 일들이 다 사라졌다. 박자에 맞게 제 음을 내기도 바빴고, 다른 친구와의 호흡도 맞춰야 했고, 노래의 느낌도 살려야 했다. 음악을 만들어 내겠다는 생각만 하기도 어려웠다. 2시간 동안 두세 가지 노래만 되풀이해서 더 힘들기도 했다.

노래를 부르는 단호는 나중엔 쓰러질 것 같이 피곤한 상태로 연습실을 나왔다. 하지만 단호는 어떤 때보다 눈이 반짝였다. 단호는 노래 부를 때 제일 행복했다. 교실에서 단호는 늘 소심하고 조용한 아이였다. 하지만 밴드 연습할 때는 힘이 넘치는 아이로 변했다.

"목 아프겠다. 잘 가."

맑음이가 건널목 앞에서 단호 등을 툭 쳤다.

"너 손가락 아픈 거나 마찬가지지. 괜찮아. 내일 스키장에서 보자!"

"어어, 그래. 자식, 멋진 척하기는."

맑음이는 혼자 중얼거리며 길을 건넜다. 친구가 점점 멋져지는 걸 보는 일도 기분 좋았다. 하지만 내일 스키장에 갈 생각을 하니 머리가 슬슬 아파졌다.

학교에서 4, 5, 6학년만 가는 스키 캠프는 1박 2일이지만, 정작 스키를 타는 시간은 다 합쳐서 4시간뿐이었다. 첫날 2시간, 둘째 날 2시간, 나머지 시간은 장기자랑과 뜬금없는 NIE 실습이었다.

"으윽……, 눈이 저게 뭐야. 질척거리잖아."

스키를 타는 게 무서운 맑음이는 스키장에 도착하자마자 불평부터 했다. 스키복이며 스키 장갑이며 다 거북하고 불편하기만 했다. 단체로 스키를 빌려서 타니까 개인 스키를 갖고 올 필요가 없다고 했는데도, 스노보드를 가지고 온 아이가 둘 있었다. 맑음이는 그것도 눈꼴사나웠다.

스키를 빌리는 것만도 30분 넘게 걸렸다. 맑음이는 스키를 들고 광장으로 나온 순간 이미 지쳐 버렸다. 게다가 루다와 단호, 유니를 마주칠까 무서웠다. 그나마 스키 고글을 쓰고 헬멧까지 쓰면 누가 누군지 쉽게 알아볼 수가 없어 다행이었다. 맑음이는 스키 고글과 헬멧에 감사하고 싶어졌다. 겁쟁이라고 소문나는 건 바라지 않았다.

"초보자! 한 번도 스키 안 타 본 사람, 타 봤지만 잘 못 타는 사람! 이쪽으로 오세요."

"초보 탈출 중급자 코스, 이쪽입니다."

스키 강사들이 수준별로 강습해 준다고 했다. 하지만 맑음이는 초보자 반에도 가고 싶지 않았다. 유치원 때 한 번 스키장에 왔었는데 그때 리프트에서 내리다가 그냥 미끄러지면서 스키를 신은 채로 나무에 부닥친 적이 있었다. 그때 공포감이 아직도 사라지지 않았다. 모두 다 억지로 한 가지 스포츠를 배워야 한다니 이건 사람 개성을 무시하는 거라는 생각마저 들었다.

맑음이는 스키를 울타리에 세우고 한숨을 쉬다가, 호랑나비 선생님이 스키를 신지 않은 걸 보았다. 다른 선생님들은 다 스키를 들고 나왔고, 몇 선생님은 이미 리프트를 타러 가고 있었다. 스키 강습은 스키 전문 강사들이 맡았기 때문에 선생님들은 자유 시간이었다. 그리고 보니 방과 후 교실 선생님 중에 스키장에 같이 온 선생님은 호랑나비 선생님뿐이었다. 반가워서 막 뛰어갔다.

"선생님, 어떻게 여기 같이 오셨어요? 다른 방과 후 교실 선생님들은 안 오셨는데요?"

"아, 5학년 4반 선생님이 병원에 입원하셨어. 그래서 대신 온

거야."

"그렇구나. 히히. 선생님은 스키 안 타실 건가요?"

"나? 난 저기 눈썰매 탈 거야. 왜?"

"스키 못 타시는구나. 히히."

"난 스키 지겹게 탔어. 무릎 십자 인대 끊어지고, 갈비뼈도 한 번 부러지고. 이제 안 타련다. 눈썰매가 좋아."

"어, 그러면 저도 눈썰매 타도 되나요?"

"가서 스키 배워. 뭐든지 배워 두면 다 좋은 거야."

"하지만 전 스키 공포증이 있는데요. 엄밀히 말하면 리프트 공포증이요."

"자식, 덩칫값을 해라. 그러면 스키 도로 반납하고 와."

"야호."

다른 친구들이 스키에 걸려 넘어지고 소리를 지르는 동안, 맑음이와 호랑나비 선생님은 느긋하게 눈썰매를 탔다. 하지만 그것도 쉬운 일이 아니어서 곧 지치고 말았다. 썰매를 끌고 언덕 위까지 걸어서 올라가는 게 쉬운 건 아니었다.

"헉헉. 맑음아, 우리 그만 타자."

"네. 쉬었다 나중에 타요."

둘은 휴게소 앞에 있는 벤치에 앉아 스키 타는 사람들을 쳐다

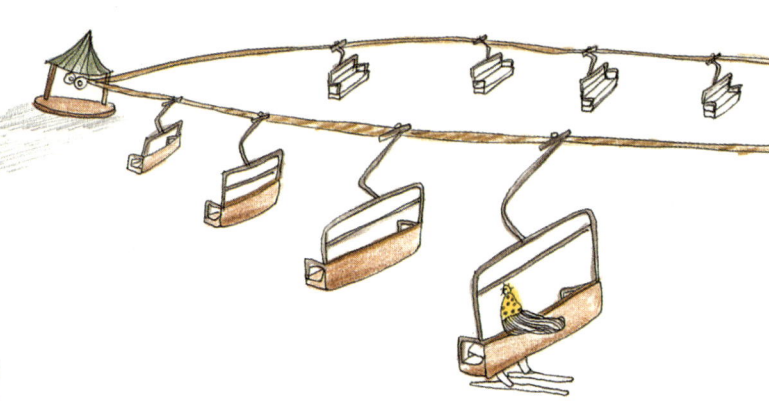

보았다. 엉거주춤 타는 사람들도 많았고 싹싹 소리를 내며 신나게 타는 사람들도 많았다. 한 5분쯤 그러고 있으려니 바람이 차갑게 느껴졌다. 썰매를 들고 움직일 때는 그리 추운지 몰랐는데, 가만히 있으니 추웠다.

"맑음아, 너 그거 아니? 저 상급자 코스 꼭대기에 휴게실 있거든. 거기서 파는 어묵이 끝내준다. 진짜 세상에서 제일 맛있어."

"여기서도 팔걸요."

"아냐. 여기서 파는 어묵이랑 급이 달라. 기압 차도 있고 말이지. 맛이 달라."

선생님은 입맛까지 다셨다.

"우리도 어차피 리프트권 있잖아. 이거 그냥 썩히면 아깝잖니. 리프트 타고 올라가서 어묵 사 먹고 도로 리프트 타고 내려오자. 리프트는 위로 올라갈 사람이 타고 가라고 만든 거지만, 어차피 리프트도 도로 내려와야 하잖아.

거기 앉아서 온다는데, 안 될 게 뭐 있어?"

"어? 그래도 되나요?"

"그럼, 왜 안 되겠니?"

맑음이는 잠시 생각했다. 리프트에서 내릴 때 스키를 신고 내리면 미끄러지지만, 그냥 신발 신고 내리는 건 그다지 위험할 게 없었다.

"좋아요. 가요, 선생님."

둘은 나란히 리프트에 앉았다. 리프트를 타고 올라가려니 바람 소리가 귓가에 세게 들려서 말을 할 때는 귓가에 대고 크게 말해야 했다.

"어떠냐? 기분 괜찮지?"

"네, 좋은데요."

"야. 정말 세상 좋아졌지. 내가 너희만 할 때 스키장은 진짜 부잣집 애들이나 왔거든."

맑음이는 피식 웃었다. 어른들이 늘 하는 말이었다. 난 너희만 할 때 그런 거 없었다. 난 너희만 할 때 그런 거 못 해 봤다. 너희는 좋은 세상에 산다. 호랑나비 선생님은 아직 젊으신데도 그런 말을 하다니 좀 웃겼다.

"자. 내려."

선생님 손을 잡고 리프트에서 내려, 살살 걸어서 휴게소 오두막으로 갔다. 미끄러워서 빨리 걸을 수가 없었다. 다들 스키를 신고 있는데 스키 없이 스키장의 꼭대기에 있으려니 좀 민망하기도 했다.

"어묵 2인분요."

선생님이 어묵 쿠폰을 사서 맑음이에게 주었다. 밖이 내다보이는 창가에는 사람들이 꽉 차서 할 수 없이 밖으로 나갔다.

"봐라. 여기서 저 산 아래를 내려다보면서 어묵 국물을 마시면 천하제일의 맛이지."

"진짜 멋진데요!"

스키 타는 사람들이 한눈에 다 보이고 저 아래 낮은 산과 마을과 멀리 고속도로까지 보였다. 세상이 참 넓어 보였다.

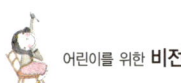

"아래서 보는 거랑 딴판이지?"

"네."

"어묵 국물도 끝내주지?"

"네."

"식기 전에 어서 먹자."

찬바람이 불어서, 어묵 국물을 다 마시기도 전에 국물이 식어 버렸다.

"다 마시진 마라. 국물을 너무 마시면 소금 섭취가 많아서 안 좋아. 맛만 보면 된다."

빈 그릇을 쓰레기통에 버리고 오니, 선생님은 누군가에게 손을 흔들고 있었다. 고급 코스인데도 올라온 학생이 있었다. 맑음이는 창피해서 얼른 벤치에 뒤돌아 앉았다.

"이 녀석아. 그 뒤에 뭐가 보인다고 그렇게 앉아? 이 앞을 내다 보고 앉아야지."

"아, 네……."

맑음이는 할 수 없이 엉거주춤 앞쪽으로 다시 고쳐 앉았다.

"아, 가슴이 시원하고 좋네. 높이 올라와서 봐야 내가 어디 있는지, 어디로 가야 할지, 깨닫게 되는 거란다. 가끔은 말이지, 이렇게 자기가 있는 곳에서 떨어져 나와서 자기 있던 곳을 냉정하게 내려다볼 필요가 있어요. 그래야 다음 계획을 잘 세울 수 있거든."

"조회 시간 같아요."

"그래. 너 들으라고 하는 말이기도 하지만 나에게 스스로 하는 말이기도 한 거야. 자식. 좀 참아줘 봐라."

"네."

"참, 그런데 선생님은 언제부터 희곡을 쓰고 싶다고 생각했어요?"

"희곡을 써야겠다고 생각한 건 대학에 가서지만, 연극을 좋아하게 된 건 중학교 1학년 때였어. 학교에서 단체로 햄릿 공연을 보러 갔었거든. 그런데 햄릿이 그렇게 멋질 수가 없었어. 그 후로 연극을 자주 보러 다녔어. 내가 연극 무대에 서도 멋지겠다는 생각도 했지만, 난 글 쓰는 걸 더 잘하니까 희곡을 써서 연극을 만드는 일을 하겠다고 결심했지."

"연극 배우 하셔도 잘하셨을 거 같은데."

"녀석. 아부도 잘하는군. 더 먹고 싶은 거 없어?"

"없어요. 추워요. 히히."

휴게소 안에 들어가서 조금 있다가 둘은 다시 리프트 타는 곳으로 갔다.

"이거 타고 내려가시면 안 되는데요."

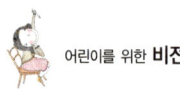

꿈은 우리를 달리게 한다

리프트 앞에 서 있는 안전 요원이 둘을 막았다. 맑음이는 선생님만 쳐다보았다.

"그러면 걸어서 내려갈까요? 아니면 패트롤카 불러 주세요."

선생님이 그렇게 말하자, 안전 요원은 할 수 없이 둘을 태워 주었다.

"휴, 걸어 내려가는지 알았어요."

"우리가 걸어가면 다른 사람들이 더 피곤하지. 자, 손 흔들어 줘라. 올라오는 사람들이 다들 우리만 본다. 부럽나 봐."

맑음이는 창피해서 도저히 손을 흔들 수 없었다. 하지만 호랑나비 선생님은 신나게 손을 흔들어 주었다.

그날 저녁 콘도 1층 로비에서 음악 공연이 있으니, 다 구경 나오라는 방송이 나왔다. 밥을 먹고 나니 다들 피곤해서 누워 떠들었고, 귀찮아서 안 내려가겠다는 아이들이 더 많았다. 음악회를 한다는 말에 맑음이는 벌떡 일어났다. 맑음이는 단호와 루다, 유니를 찾아다니면서 불렀다.

넷은 1층 로비로 재빨리 내려갔다. 로비 한쪽에 있는 작은 무대 맨 앞에 서서 구경했다. 연주하는 사람들은 필리핀 사람들이었다. 가수가 한국말로 노래하는데도 가사 전달이 아주 정확했

다. 뜻도 다 알고 부르는 것 같았다. 기타와 키보드, 그리고 작은 전통 북으로 연주하는데, 연주하는 사람들이 아주 신나 보여서 보기만 해도 기분이 좋아졌다. 구경 나온 사람들은 손뼉을 치고 아는 노래를 따라 부르기도 했다. 공연은 30분 만에 끝났다. 사람들이 흩어지려는데, 유니가 앞으로 나가더니 북을 가리키면서 물었다.

"I enjoyed your music. May I play it?"

다른 친구들은 깜짝 놀랐다.

"아니 어쩌려고?"

단호가 속삭이듯이 맑음이에게 물었다. 맑음이도 그냥 쳐다보는 수밖에 없었다. 전통 북을 치던 연주자는 웃으면서 유니를 무대 위로 끌어올려 주었다. 유니가 북을 손바닥으로 서너 번 두드려 보더니 갑자기 신나게 두드리기 시작했다. 그러자 기타 코드를 뽑으려던 기타리스트가 다시 기타를 잡더니 진도아리랑 멜로디를 치기 시작했다. 유니는 웃으면서 그 멜로디에 맞춰서 북을 두드렸다. 사람들이 돌아가려다 다시 몰려들었다. 유니가 단호를 향해 소리쳤다.

"단호야. 올라와서 노래 불러."

단호가 당황하자, 맑음이가 단호를 밀었다. 단호는 얼떨결에

무대 위로 올라섰고, 노래하던 필리핀 가수가 단호에게 마이크 하나를 건넸다.

> 아리 아리랑 쓰리 쓰리랑 아라리가 났네.
> 아리랑 응응응 아라리가 났네.
> 문경 새재는 웬 고개인고 구부야 구부구부가 눈물이로구나.
> 아리 아리랑 쓰리 쓰리랑 아라리가 났네.
> 아리랑 응응응 아라리가 났네.

단호는 뜻밖에도 민요 가사를 잘 알고 있었다. 필리핀 가수는 춤을 추기 시작했는데, 한국 춤을 흉내 낸 것이었다. 구경하는 사람들이 따라 부르고 사진을 찍고 손뼉을 치고 한바탕 난리가 났다. 짧은 시간이었지만 다들 너무도 즐거워했다.

"Thank you so much."

유니가 필리핀 사람들과 악수를 했다. 단호는 얼떨결에 허리를 굽혀서 인사를 하고는 무대에서 얼른 내려왔다. 맑음이와 루다는 무대에 같이 서지 못해 조금 약이 올랐지만, 사람들이 아주 즐거워하는 걸 보니 덩달아 기분이 으쓱해졌다. 구경을 나왔던 몇 아이들은 휘파람을 불며 웃고, 단호와 유니의 이름을 부르면서 흩어졌다. 필리핀 연주자들이 악기를 챙겨서 가 버린 후에도 넷은 무대 앞에 서 있었다.

"야야. 대단하지? 음악이란 게 말이야. 그게 말이야. 단번에 사람들을 확 사로잡았어."

맑음이는 말을 막 더듬으면서 흥분을 감추지 못했다.

"멋졌어!"

루다도 유니 등을 두드려 주었다.

"아, 나도 영어로 인사를 할걸. 나도 영어로 할 말 많은데."

단호는 조금 창피한 얼굴로 말했다.

"지금 영어가 문제냐? 영어 없이도 우리는 그냥 음악인으로서의 동지애를 느꼈잖아. 그게 중요한 거야."

유니가 그렇게 말하자 루다가 째려보았다.

"거기까지만 하자. 더 들으면 좀 울렁거리거든."

넷은 다 같이 한바탕 웃고 말았다. 기분이 정말 좋았다. 넷은 우르르 밖으로 나갔다. 야간 스키 조명 때문에 별은 보이지 않았지만, 그래도 하늘은 많이 어두워져 있었다. 콘도 주변을 한 바퀴 빙 돌아서 산책을 하고 다시 숙소로 돌아가기로 했다. 8시 반부터 9시 반까지는 장기자랑 시간이어서 강당으로 가야만 했다. 넷은 음악이 주는 즐거움을 더욱 깊이 느꼈다. 반짝이 반창고 밴드

가 가야 할 길이 어느 쪽인지 확실히 알 수 있었다.

방학 중에도 글쓰기 교실은 계속 되었다.
"실례합니다. 잠깐만 구경하고 갈게요."
교장 선생님이 갑자기 글쓰기 교실에 들어오셨다.
"우아."
교장 선생님이 이렇게 반갑기는 다들 처음이었다.
"안녕하셨어요?"
"교장 샘 보고 싶었어요."
"이제 다시 아프지 마세요."
교장 선생님은 12월 중순쯤 심장 수술을 하시고, 한 달 만에 다시 학교에 나오신 것이었다. 다들 많이 걱정했는데, 생각보다는 교장 선생님의 낯빛이 좋아 보였다.
"이제 괜찮으신 거지요? 무리하지 마세요."
호랑나비 선생님이 걱정스러운 인사를 하자, 교장 선생님은 환하게 웃었다.
"그동안 하도 조심해서 운동 부족이었던 모양입니다."
그 말에 다들 키득거렸다. 교장 선생님은 마침 호랑나비 선생님이 검토하고 나눠 주려던 학생들의 원고를 훑어보았다. 그러다 루다의 원고를 보고는 물었다.

"이루다가 누구지?"

루다가 손을 들었다.

"밴드를 한다고? 대단한데? 이름도 멋지게 지었어."

루다는 교장 선생님의 말에 뭐라 대답하면 좋을지 알 수 없어, 부담을 나누어 보려고 맑음이를 끌어들였다.

"저기 있는 맑음이랑 같이 해요."

맑음이도 엉거주춤 엉덩이를 들다 말고 고개를 끄덕였다.

"그러면 어떤 곡을 연주하지?"

"연습한 곡은 이제 두 곡뿐이에요. 아직 무대 설 정도는 아니고요."

맑음이가 부끄러워하면서 대답했다. 이럴 때 자신 있게 대답할 수 있게, 연습곡이 10곡쯤 되면 얼마나 좋을까 하고 생각했다.

"루다는 직접 작곡도 하고?"

루다는 눈썹을 찡그렸다. 호랑나비 선생님만 보는 글이라서 작곡하면서 속상한 이야기를 썼던 것인데, 이런 식으로 교장 선생님이 다 발표를 하다니 창피했다. 아이들이 웅성거렸다. 맑음이와 루다가 밴드를 만들어 연습한다는 것은 다들 알고 있었지만, 루다가 작곡을 한다는 것은 처음 들었다.

어린이를 위한 비전

"작곡씩이나? 너무 오버하는 거 아니니?"

누군가 뒤에서 빈정거리며 말했다. 루다는 못 들은 척했다. 이럴 땐 강하게 나가는 게 낫다고 생각했다.

"제가 만든 곡으로 연주해 보고 싶은 꿈이 있거든요. 하지만 작곡을 정식으로 배운 적이 없어서 계속 헤매고 있어요."

"그래……. 그러면 그 곡이 언제쯤 완성될까?"

교장 선생님이 밴드에 상당히 관심이 많아 보여서, 맑음이는 혹시 음악실에 드럼을 사 주시려나 기대하면서 눈을 반짝였다. 루다는 교장 선생님의 계속되는 질문에 조금 당황했다.

"모르겠어요. 아무리 해도 맘에 안 들거든요."

"4월에 내 정년 퇴임식이 있는데, 뭐라 했지? 밴드 이름이? 반짝이 반창고? 그 반짝이 친구들이 정년 퇴임식 기념 음악회를 해 주면 고맙겠는데. 어떤가? 그때까지 새 곡이 완성될까? 나는 물러서고 반짝이는 샛별들은 데뷔하고, 그러면 멋질 텐데."

"네? 정년 퇴임하세요?"

호랑나비 선생님이 화들짝 놀라며 한 발 앞으로 나왔다.

"아니 그럼, 뭐 나는 종신 교장인지 알았어요?"

"아니 그게, 저는 한 2년 후쯤인가 했는데요."

"그러게요. 나도 그런지 알았더니 세월이 이리 후딱 가네요."

호랑나비 선생님과 교장 선생님의 대화를 듣고, 맑음이와 루다는 서로 눈짓을 했다.

'해 보는 거야. 질러 보자고. 이럴 때 해 보는 거지 안 그래?'

둘은 눈빛으로 그렇게 서로 합의하고, 고개를 끄덕였다.

"기대하고 있을 테니 의논해 보고 말해 다오."

그리고는 덧붙여 말씀하셨다.

"글을 잘 써야 해요. 여러분이 다음에 어느 분야에서든 지도자가 되는 데 아주 중요한 조건일 겁니다. 지금부터 훈련 잘 받아 두세요. 반드시 자기 글솜씨에 덕 볼 날이 옵니다."

교장 선생님이 그렇게 인사를 하고 일어서자, 맑음이가 큰 소리로 외쳤다.

"합니다. 연주해요. 연주해 드릴게요. 멋지게 해 드릴게요."

"그래, 고맙다. 기대하마. 참, 신청곡도 하나 있는데, 해 줄 거지? '향수'라는 노래를 내가 아주 좋아하거든."

교장 선생님은 루다의 머리를 살짝 쓰다듬어 주고는 교실에서 나가셨다. 아이들은 웅성거렸지만 루다와 맑음이는 아이들 목소리는 들리지도 않았다.

"무대야 무대……."

"알아."

중요한 것은 그거였다. 무대, 진짜 무대. 친구 생일 파티가 아니고 어른들도 참석하는 공식 행사에 설 기회가 온 것이다. 이건 정말 큰 기회였다. 생각보다 기회가 좀 빨리 왔다. 하지만 기뻤다.

루다와 맑음이는 서로 바라보면서 웃었다. 맑음이는 정말 기분이 좋았다. 이렇게 일이 계속 술술 잘 풀린다면 반짝이 반창고가 홍대 앞으로 진출할 날도 멀지 않았다는 생각마저 했다. 아니 그것보다도 친구들이 더 신나게 연습할 수 있는 계기가 생겨서 좋았다. 그냥 열심히 연습하는 것만으로는 친구들의 마음을 한 군데로 모으기가 어려웠다. 바라볼 곳이 있으니까, 다리에 힘이 더 생기는 그런 기분이었다.

연습실에 모인 반반 밴드는 교장 선생님 퇴임식에 어떤 곡을 연주하면 좋을지 우선 의논해야 했다.

"아니 그러면 퇴임식이면 말이야. 뭐 높은 분들도 많이 오고 그런 거잖아."

늘 침착하던 단호까지 흥분했다.

"그렇겠지. 최소한 교장 선생님 친구 분들도 오실 테니까 다른 학교 교장 선생님이 많을 테고 말이야. 학부모회 엄마들도 오실 테고, 우아 떨린다."

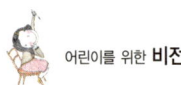

유니는 몸까지 부르르 떠는 시늉을 했다.

"그러면 강당에서 하는 거 맞지? 우아, 강당 마이크 시설이 우리 음악을 받쳐 줄까?"

맑음이는 시설 걱정까지 했다. 하지만 루다는 그 모든 것보다 작곡한 음악이 어떨지 걱정스러웠다.

"자, 악보야. 지난번에 지적받고, 내가 할 수 있는 한도 안에서 다시 만들어 봤어. 누가 조금 편곡을 더 해 주면 좋겠지만 그럴 형편은 안 되고."

"가사는 어떻게 할 거야?"

단호가 물었다.

"내가 오늘 메일로 가사를 일단 다 보내 줄게. 너희가 보고 좀 고쳐줘 봐. 이제 가사도 결정해야지."

루다의 말에 다들 고개를 끄덕였다. 인기곡보다 여러 면에서 부족하겠지만, 반짝이 반창고 밴드만의 노래가 하나 꼭 필요했다. 다들 루다의 곡이 좀 허술하더라도 다른 대안이 없으니 열심히 연습해야겠다고 생각했다.

"일단 멜로디만 루다가 쳐 봐."

처음엔 행진곡풍으로 시작하더니 중간은 조금 슬퍼졌다. 그리고 후렴구는 코믹했다. 다들 눈치만 보자, 루다가 피식 웃었다.

"말을 해. 화 안 낼게. 정말이야. 어차피 지난번에 상처 다 받아서 이젠 괜찮아."

유니가 어렵게 입을 열었다.

"까칠한 내가 먼저 말할게. 이번엔 어떤 노래 비슷한 느낌은 없어. 그런데 중간에 갑자기 단조로 바뀌잖아. 그런데 끝은 또 분위기 확 뒤집고. 난 이 노래가 한 가지 분위기를 보여 주는 게 좋을 거 같아. 지금은 너무 복잡해. 뒷부분 멜로디 좋지 않니? 그 느낌으로 쭉 가면 어때?"

루다는 잠시 생각하더니 고개를 끄덕였다.

"다시 고쳐 볼게."

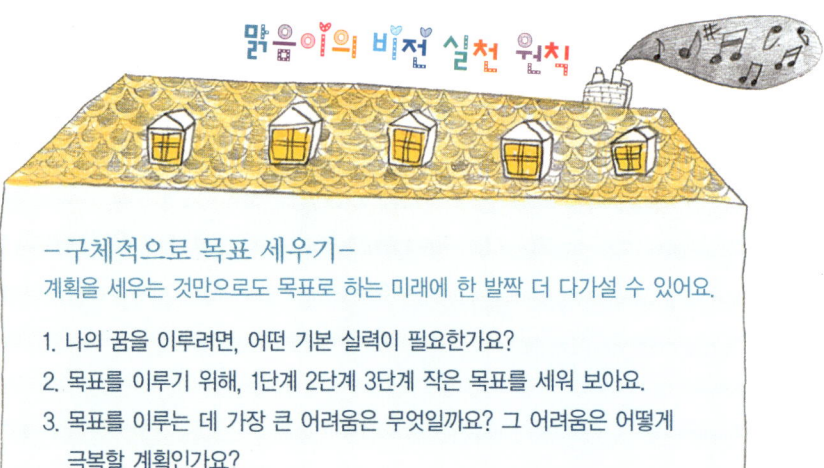

-구체적으로 목표 세우기-

계획을 세우는 것만으로도 목표로 하는 미래에 한 발짝 더 다가설 수 있어요.

1. 나의 꿈을 이루려면, 어떤 기본 실력이 필요한가요?
2. 목표를 이루기 위해, 1단계 2단계 3단계 작은 목표를 세워 보아요.
3. 목표를 이루는 데 가장 큰 어려움은 무엇일까요? 그 어려움은 어떻게 극복할 계획인가요?

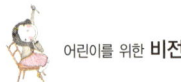

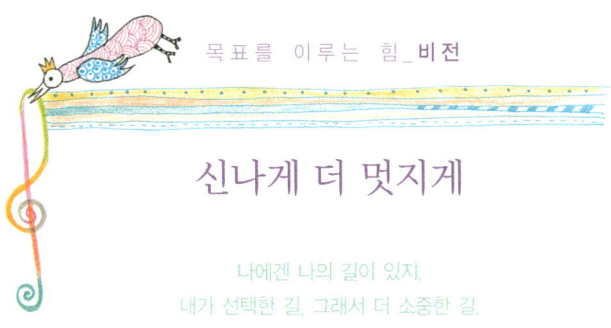

목표를 이루는 힘_비전

신나게 더 멋지게

나에겐 나의 길이 있지.
내가 선택한 길. 그래서 더 소중한 길.

루다는 친구들의 충고대로 경쾌한 멜로디로 완전히 분위기를 바꾸어 버렸다. 반주 악보가 아직 어설프긴 했지만, 단호의 맑은 목소리가 그 결점을 가려 주었다. 하지만 루다는 반주 악보가 아무래도 맘에 들지 않았다. 더 멋진 반주가 있으면 멜로디가 더 살아날 텐데 하는 생각이 자꾸 들어서 안타까웠다. 키보드로 다른 악기 소리를 내면서 연주를 해 보아도 뭔가 음이 잘 맞아떨어지지 않는 기분이었다.

물을 마시려고 부엌으로 나와 보니 엄마가 식탁에 앉아서 아프리카 아이들 편지를 번역하고 있었다. 루다는 엄마가 아프리카 어린이를 위해 봉사하는 걸 곧 싫증을 내리라 생각했다. 어떤 취미도 엄마는 1년 이상 해 본 적이 없었고, 늘 대여섯 달 정도 되면 실력이 늘지 않는다느니 재료비가 너무 많이 든다느니 하면서 불평을 했다. 그런데 이번에는 엄마는 지치지 않고 계속 번역 일을 맡아 와서 열심히 번역을 하고, 주위에도 후원자가 되라고 소개했다. 루다는 그런 엄마가 참 신기했다.

"엄마, 그게 재밌어?"

"재미도 있고, 힘도 들고."

"그런데 언제까지 할 거야?"

"치매 올 때까지."

"정말? 뭐 하러? 그거 해도, 돈도 안 주는 거고 엄마가 들고 다니면서 자랑하는 것도 아니고 집에서 사용하는 것도 아니잖아."

"그렇지만 중요한 일이야."

"그게 왜 엄마한테 중요해? 알지도 못하는 애들인데."

엄마가 슬며시 웃었다.

"난 진짜 엄마가 되고 싶어졌어."

루다는 엄마를 다시 바라보았다.

"불행하게 사는 아이들이 있는 세상에서 우리만 잘 살면 마음

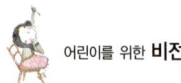
어린이를 위한 **비전**

이 편하겠어? 진짜 엄마가 되려면, 모든 아이가 행복해지도록 노력해야지. 그런 생각이 들더라."

"온 세상 아이의 엄마가 되려고?"

"마음은 그래."

"멋진데! 히히."

루다는 엄마를 꼭 껴안아 주고는 얼른 뛰쳐나왔다. 수학 학원에 갈 시간이었다.

루다에게 이메일로 세 친구들이 고친 가사들이 도착했다. 루다는 세 친구가 보내 온 기사를 읽다가 단호가 쓴 가사를 여러 번 읽었다. 비슷한 내용이지만 단호의 가사가 제일 마음에 와 닿았다. 루다는 자기가 쓴 가사를 포기하고, 단호의 가사로 악보를 완성했다.

다음 연습 시간에는 결정된 가사가 붙어 있는 악보를 나누어 가졌다. 가사를 보고 단호 얼굴이 붉어졌다. 루다는 간단하게 설명했다.

"너희가 보내준 가사를 다 검토하고 결정한 거야. 불만 없지?"

모두들 고개를 끄덕였다.

"야. 이거 완전히 다른 음악이 되었어. 신기하다."

맑음이도 기뻐했다.

"그런데 말이지, 우리 종업식 때 일단 데뷔 공연을 하면 어떨까? 종업식에 그냥 교장 선생님 말씀만 듣는 거 너무 재미없잖아. 교장 선생님 은퇴식 전에 연습 삼아 한번 공연해 봐야 하지 않을까?"

맑음이가 갑작스런 의견을 냈다. 루다는 다른 친구들 표정을 살폈다.

"기왕 밴드 시작한 건데, 자꾸 공개 연주를 해 보는 것도 좋은 연습이 될 거 같아."

맑음이는 덧붙여서 친구들을 부추겼다. 맑음이는 그 말이 다시 생각났다.

'연습은 없다. 난 연주할 뿐이다.'

단호는 조금 걱정스러운 표정이었고, 유니는 재미있어하는 표정이었다. 루다는 맑음이 말대로 작은 공연이라도 빨리 하고 싶었다.

"난 찬성이야. 서툴면 서툰 대로 한번 도전해 보자. 그래야 우리가 어떤 점을 더 연습해야 할지 파악이 잘 될 거야."

"더 완벽하게 연습하고 발표하는 게 낫지 않을까? 처음에 너무 창피하게 끝나면 다음부터 어떻게 무대를 얻겠어?"

단호는 조심스러웠다.

"우리가 뭐 당장 일류 밴드가 되겠어? 친구들하고 우리가 만든 노래 같이 불러 보려고 공연하는 거지. 안 그래? 서툴러도 친구들이 좋아할 거 같은데?"

"그건 그래. 한번 해 보자. 연습 삼아서. 방송실에서 하면 무대는 아니니까, 떨리지도 않을 거야."

유니까지 그렇게 나오자, 단호도 친구들 뜻을 따르기로 했다. 그러려면 빨리 두 곡을 완벽하게 연습해야만 했다.

맑음이는 찬석이 형에게 부탁해서 기타 코드를 악보에 써 넣기로 했다.

다음 날 점심시간에 맑음이가 방송반 선생님을 찾아갔다.

"밴드가 종업식 축하 연주를 해 주겠다고?"

방송반 선생님은 맑음이를 대견하게 바라보았다.

"새로운 종업식이 되겠구나. 좋아. 5분 줄 테니까 그 안에 연주 끝내. 교장 선생님 말씀도 3분 안에 끝나는데, 너희 정말 특혜 주는 거다. 악기를 설치하려면 그 전날 미리 해 둬라. 그날 아침에는 설치할 시간이 없으니까. 마이크는 몇 개 필요하지?"

"아……, 네. 마이크는 그러니까 네 개요."

맑음이는 방송반에서 나오면서 한숨을 쉬었다. 악기 설치에 제일 문제가 되는 게 드럼이었다. 있어야 설치를 할 것이 아닌가. 드럼을 청소년 수련관에서 빌려 줄 것 같지는 않았다. 빌려 준다고 해도 그걸 옮겨 오는 일도 쉬운 건 아니었다.

맑음이의 말을 듣고, 드럼을 사서 들고 다녀야겠다며 유니가 한숨을 쉬었다. 유니는 드럼을 배우러 다니는 것은 찬성했던 엄마가 왜 드럼을 사 주는 것은 반대하는지 알 수가 없었다. 하긴 좁은 아파트에 드럼을 놓을 곳도 마땅치는 않았다.

"아마 드럼을 빌려주는 데가 있을 거야. 전날 빌려서 설치해 두어야지."

유니와 맑음이는 인터넷으로 악기 임대하는 곳을 찾아보았다. 전화를 해서 물어보니, 드럼을 하루 빌리는 데 10만 원이었다. 전날 설치해야 한다고 하니까 그러면 이틀 치 임대료를 내야 한다고 했다. 유니와 맑음이는 일단 전화를 끊고 서로 쳐다보았지만, 한숨을 쉴 수밖에 없었다. 그렇다면 차라리 돈을 더 모아서 중고 드럼이라도 사는 게 나을 것 같았다.

"나 어릴 때부터 모은 통장에 20만 원은 있어."

유니가 그렇게 말했지만, 맑음이는 유니더러 그렇게 하자고 말할 수 없었다.

어린이를 위한 **비전**

"있잖아. 우리 환경 보호 재활용 밴드로 가면 어때?"

고민하는 둘을 보고는 단호가 조심스럽게 끼어들어 말했다.

"그게 뭔데?"

유니가 고개를 다시 들었다.

"생수통 큰 거 있잖아. 그걸로 북도 만들고 장구도 만들고 하는 걸 봤어. 파이프를 잘라 연결해서 마림바도 만들고. 우리도 그렇게 만들어 보자고. 금속으로 된 세숫대야도 있고 스테인리스 밥통도 있고."

유니 얼굴이 굳었다. 생수통이나 냄비 뚜껑을 두드릴 생각을 하니, 정말 자존심이 상했다. 드럼을 하겠다고 나선 것이 후회되었다. 단호는 유니가 우울한 얼굴이 되자, 당황했다. 루다가 조심스럽게 유니에게 말했다.

"내가 전에 텔레비전에서 봤는데, 외국에 채소로 악기를 만들어서 연주하는 팀이 있어. 그건 어떨까? 양배추랑 당근이랑 무랑 그런 것들인데 소리가 아주 신기하고 듣기도 좋았어. 야채에 구멍을 파기도 하고 말이야. 방송실에 드럼은 없지만, 우리가 어떤 악기를 연주하든 즐겁게만 하면 괜찮은 연주가 될 거야. 악기가 우리의 앞길을 막을 수는 없잖아?"

"생수통은 어디 있는데?"

유니가 그렇게 묻자, 단호 얼굴이 환해졌다. 단호가 생수통 큰 거 두 개, 조금 작은 거 두 개를 구해 올 수 있다고 하자, 유니가 또 걱정스럽게 물었다.

"그걸 어디다 설치하지?"

"음악실에 장구 대 있잖아. 사물놀이 팀들이 쓰는 거. 거기에다 올리면 되지 않을까?"

"너무 낮아."

유니가 고개를 저었다.

"방송실에서 테이블을 하나 빌려서 그 위에 올리면 될 거야. 무릎 높이 테이블 위에 장구 대를 놓고 생수통 올리면 높이가 맞을걸."

맑음이의 생각에 유니도 고개를 끄덕였다.

"너무 가난해 보여서 속상하지만 할 수 없지."

유니는 친구들이 더 걱정할까 봐, 일부러 더 환하게 씩 웃었다.

"아주 특색 있는 노래가 될 거야."

"그러면 미리 만들어서 생수통 드럼으로 연습해야겠다."

단호가 당장 아빠 가게로 가서 생수통을 가져올 태세를 보이자 유니가 웃었다.

"그러네. 그래야 다들 적응이 되지."

맑음이도 같이 달려 나갈 태세였다.

그렇게 생수통 드럼 얘기를 하는데 갑자기 문이 열렸다.

"안녕, 꼬마들! 연습들 안 할 거면 그만 나가시지."

연습 시간은 아직 15분이나 남았는데 자투리 밴드의 찬석이 형이 얼굴을 연습실에 들이밀었다. 갑자기 찬석이 형이 들어서자 다들 놀랐다.

"무슨 일이세요?"

단호가 정중하게 물었다.

"너희 무슨 문제가 있는 거 같아서 말이야. 도대체 마음이 다 어디 가 있는데, 연습은 안 하고 수다만 떠는 거야?"

그 말을 듣고는 유니가 탁 나섰다.

"아저씨가 우리 매니저도 아니잖아요. 뭐 애들이라고 고민이 없겠어요? 쓸데없이 참견하지 마세요."

"으하하하! 미안하다."

찬석이 형은 신나게 웃었다. 유니는 더 기분이 나빴다.

"15분 남았으니까 우리 연습 시간이에요. 방해하지 마세요."

"아, 그래 그래. 알았다. 연주할 때는 다른 걱정은 저 문 밖에 세워 둬야지. 안 그래?"

천석이 형이 도로 나가려는데 맑음이가 물었다.

어린이를 위한 **비전**

"형들은 연주 나갈 때 드럼을 어떻게 구해요?"

찬석이 형이 뒤돌아서며 말했다.

"대부분은 주최 측에서 드럼을 제공하지. 그건 왜? 너희 혹시 시민 공원 가서 야외 연주회 할 거냐? 그래서 드럼 걱정 하느라고 연습도 안 하고 수다만 떠는 거야?"

"야외 연주회 아니고요. 학교 방송실에서 할 건데요. 학교에 드럼이 없어요."

"그럼 학교에 사 달라고 말해 봐. 학교 대표 밴드인데 드럼 사 달라고 말할 권리쯤은 있는 거 아닌가?"

찬석이 형은 아무 도움이 안 되는 소리만 하고 나가 버렸다. 유니는 그 말을 듣고 친구들에게 자신 있는 목소리로 말했다.

"그래. 저 아저씨 말도 맞아. 우리가 필요한 거는 학교에서 구해 줄 의무가 있는 거야. 더구나 드럼은 두고두고 우리 학교에 밴드가 사라지지 않는 한 사용할 악기니까 사 두어도 손해날 건 없다고."

"정말 그게 그런 거야? 우리 학교에서 드럼 치는 애가 너 하나뿐인데 드럼을 사 준다고?"

"모두에게 음악을 들려주려고 사는 악기잖아. 그리고 내가 드럼 치는 걸 보고 다른 아이들도 드럼을 배우고 싶어 하지 않겠어? 그러면 사용자가 점점 늘어날 거라고. 그러면 밴드가 더 생길지도 모르지. 음악실에 장구 있잖아. 그것도 원래는 음악 선생님 혼자서 쳤잖아. 그런데 지금은 사물놀이 팀이 생겼다고. 좋아, 결심했어."

유니는 다음 날부터 친구들에게 서명을 받았다. 드럼 구매 요청서라는 서류였다. 단호와 맑음이도 도와준다고 같이 다녔다. 아이들의 반응도 제각각이었다.

"그건 사서 뭐하게? 시끄럽게."

"우리도 스트레스 생길 때 치게 해 줄 거지? 그러면 사는 거 찬

성이야."

"사 주면 연주 잘할 거지? 못하기만 해 봐라."

"네 돈으로 사라. 네가 치고 싶은 거면."

670명 중에서 200명의 서명을 받았다. 그것도 정말 힘들었다. 유니는 200명의 서명을 받은 종이를 곱게 투명 파일에 끼웠다. 내일부터 교장 선생님에게 이 서명 내용을 보여 주고, 드럼을 사야 하는 이유를 설명할 생각이었다.

"그게 뭐니?"

유니가 조용하자, 궁금해서 불쑥 들어온 유니 엄마가 그 서류

를 보았다.

"학교에 드럼을 사 달라고 조르는 거야?"

"응. 꼭 필요하거든."

"아니 그렇다고 그걸 학교에 사 달라고 조른단 말이니? 요즘 애들은 참. 나도 뭐가 뭔지 모르겠구나. 권리를 잘 찾는 건지, 당돌한 건지."

유니 엄마는 한참을 들여다보더니 말했다.

"공연에 필요한 날, 엄마가 빌려다 줄게. 그러면 되겠니?"

"싫어."

"그건 또 왜?"

"음악실에 피아노도 샀고 장구도 샀고 북도 샀어. 그런데 왜 드럼은 사면 안 되는 거야? 나만 쓸 것도 아니고, 올해만 쓰는 것도 아니고."

"네가 생각하는 것처럼 그렇게 간단한 문제가 아니야. 학교 예산이 그렇게 넉넉하겠니?"

"그래도 난 학교가 사 줄 수 있다고 믿어요. 올해 못 사면 내년에라도 사 달라고 조를 거야."

"어머니회에서 학교에 필요한 물품을 기증하기도 하는데, 내 생각에 드럼은 여러 학생이 쓰는 게 아니라서 힘들 거 같아. 그나

저나 음악실에 드럼 놓을 곳은 있어?"

생각해 보니 그것도 문제였다. 음악실에 공간도 없지만, 드럼을 그냥 두었다가는 아무나 와서 마구 치다가 드럼을 망가뜨릴 수도 있었다. 유니는 다시 축 처졌다.

"친구들하고 더 의논해 볼게요. 일단은 공연부터 잘 하고 나면 또 다른 방법이 생길지도 모르잖아요."

유니는 일단 생수통 드럼으로 멋지게 공연을 해 봐야겠다고 생각했다. 단호가 구해 온 생수통에 루다가 아크릴 물감으로 멋지게 그림을 그려 넣었다. 여러 색깔의 일회용 반창고가 붙어 있는 그림이었다. 그 위에 반짝이 풀을 덧칠했다. 단호는 생수통 안에 물을 넣어 보면서 소리가 어떻게 다른지 두드려 보았다.

"하하하, 재미있다. 소리가 다 달라."

유니 표정이 환해졌다. 넷이 의논해서 세 개의 생수통에 물의 양을 다르게 넣었다. 그리고 하나만 비워 두었다. 물통의 바닥 부분을 위로 놓았지만, 옆을 치면 또 다른 소리가 났다. 뜻밖에도 생수통 드럼으로도 여러 가지 소리를 낼 수 있었다. 연습이 점점 더 재미있어졌다.

종업식 날이 다가왔다. 전날 방송반에 생수통을 설치하고 예행 연습을 했다. 방송반원 셋이 예행연습을 구경하더니 박수를 보냈다. 방송반원들끼리 의논을 하더니 6학년 방송반 반장이 루다에게 물었다.

"그 가사 좀 알려 줘. 자막으로 넣을게. 가사도 소개하는 게 좋겠다."

루다가 가사가 적힌 악보를 하나 주자, 방송반 반장은 가사를 훑어보고는 말했다.

"난 곧 졸업하지만 말이야. 내년에 방송제가 있거든. 그전에 미리 가사를 공모하면 어떨까? 아이들이 하고 싶은 얘기를 가사로 써내면, 그중에서 뽑아서 너희 반짝이 밴드가 노래로 불러 주는 거야. 다들 하고 싶은 말들이 많은데 못 하고 살잖아. 그걸 너희가 대신 불러 주는 거지."

방송반 반장의 말에 루다와 맑음이, 단호, 유니는 눈을 반짝였다.

"좋은 생각이에요. 난 벌써 써 둔 가사도 있거든요. 엄친아 노래예요."

맑음이가 먼저 대답했다. 나머지 셋도 소리쳤다.

"좋아요."

종업식 날이 되었다. 카메라 앞에 서자, 온몸이 떨려 왔다.

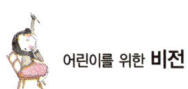

교장 선생님이 인사말을 하시고 방송실에서 나가시면서 복도에 서 있던 넷과 악수를 하고 가셨다. 드디어 반짝이 반창고가 연주할 순서였다. 생각보다 더욱 떨려서 얼른 도로 나가고 싶었다. 기타 앞의 마이크가 너무 크게 느껴졌다.

　　맑음이가 떨리는 마음을 억누르고 친구들에게 속삭이듯 말했다.

　　"알지? 연주는 연습처럼."

　　연주가 시작되었다. 방송으로 네 명의 얼굴이 비치자, '뭐야? 뭐야?' 하는 소리와 웃음이 여러 교실에서 터져 나왔다. 특히 자기 반 친구가 밴드 멤버가 되어서 카메라에 잡힌 반에서는 소동이 일어났다.

　　루다는 심장이 터질 것만 같아서 잠시 고개를 젖히고 숨을 골랐다. 단호는 친구들을 바라보면서 소리 없이 웃었다. 맑음이는 기타가 제 몫을 해낸 것이 정말 기뻐서 기타에 뽀뽀라도 해 주고 싶었다. 유니는 생수통 드럼을 쓰길 잘 했다는 생각이 들어서 생수통을 쓰다듬었다. 박수 소리가 방송반까지 들려 왔다. 박수 소리에 더욱 기운이 났다.

　　루다는 눈짓으로 친구들에게 이렇게 말했다.

　　'괜찮은데?'

　　방송반원이 두 번째 곡을 소개하고 곧 연주가 시작되었다.

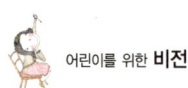
어린이를 위한 **비전**

내 꿈은 내 힘으로 이룰 거야

이것도 저것도 다 좋아 보였어.

이 길도 저 길도 다 가고 싶었어.

하지만 나에겐 나의 길이 있지.

내가 선택한 길, 그래서 더 소중한 길.

내 꿈을 이루는 길, 내가 찾아냈어.

똑바로 앞을 바라봐, 더 먼 곳을 바라봐.

내 꿈을 바라보면서 앞으로 나아가지.

한 발씩 한 발씩 차근차근 그렇게.

서두르지 않겠어. 쓰러지지 않겠어.

내 꿈은 내 힘으로 이룰 거야.

나에겐 나의 길이 있잖아.

내 꿈을 바라봐. 바라봐.

노래가 끝나자, 앙코르 소리가 복도를 울렸다. 방송실 문 앞에서 기다리던 호랑나비 선생님이 넷을 한 명씩 껴안아 주었다. 그날은 글쓰기 반 수업도 없는데 일부러 연주를 들으러 오신 모양이었다.

"아주 멋졌어. 놀라운걸. 반짝이 반창고가 아니고 반짝이 비틀즈 같았어. 아니다. 비틀즈가 와서 보면 울고 갔을 거다. 특히 그 생수통 드럼 말이다. 거칠면서 반항적이고 멋지던걸."

방송반에서 5학년 형이 뛰어나오더니 넷에게 말했다.

"전화가 왔는데, 너희 교장실로 좀 오란다."

넷은 어리둥절한 채로 교장실로 갔다.

"내가 은퇴 기념으로 학교에 뭘 선물할까 했는데 말이다. 드럼을 한 세트 사 주고 은퇴할까 한다. 어떠냐? 큰 거울보다 낫지?"

"만세!!!"

넷은 팔딱팔딱 뛰면서 소리쳤다.

"야호! 교장 선생님 멋쟁이."

"단, 조건이 있다."

"뭔데요?"

"선생님들 애환이 담긴 노래도 스승의 날에 불러 줄 것! 부탁하마."

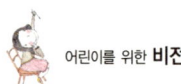

"네, 좋습니다."

맑음이는 시원스레 대답했다. 노래가 누군가에게 위로가 된다면 그건 정말 멋진 일이었다. 학생들이 할 말이 많은 것처럼 선생님들도 할 말이 많겠지.

유니는 학교에 드럼이 생긴다는 말에 기쁘기도 했지만, 생수통 드럼에도 정이 들어서 조금 서운하기도 했다.

교장실에서 나와 방송반으로 다시 악기를 가지러 가면서 단호가 생수통은 이제 재활용장에 갖다 두자고 말했다. 그 말이 떨어지자마자 유니는 소리쳤다.

"안 돼. 그건 내 소중한 드럼이야. 유니 드럼이라고."

"알았어, 알았어. 그럼 드럼 두 세트로 번갈아 가면서 연주해."

단호가 놀라서 얼른 대답했다. 생수통의 물을 비운 다음 하나씩 옆구리에 끼고 방송반에서 즉석 연주가 시작되었다. 저절로 한마디씩 노래가 나왔다.

"반짝이 반창고 밴드, 멋지구나 해냈구나."

맑음이가 그렇게 소리 내자, 옆의 단호가 받아쳤다.

"다음엔 더 잘하자. 폼 나게 말이야."

유니는 생수통에 뽀뽀를 하더니 노래했다.

"답답한 속 시원하게, 할 말은 노래로 하자."

루다도 노래를 이어 붙였다.

"다음번엔 더 잘할 거야. 친구들을 즐겁게 해 줄 거야."

넷은 서로 보면서 웃었다.

방송반 앞에 친구들이 모여들어 웅성거렸다. 용기 있는 아이 하나가 방송실 문을 열고 얼굴을 들이밀고는 물었다.

"나도 밴드에 들어가고 싶어. 새 단원 안 뽑을 거니?"

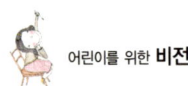

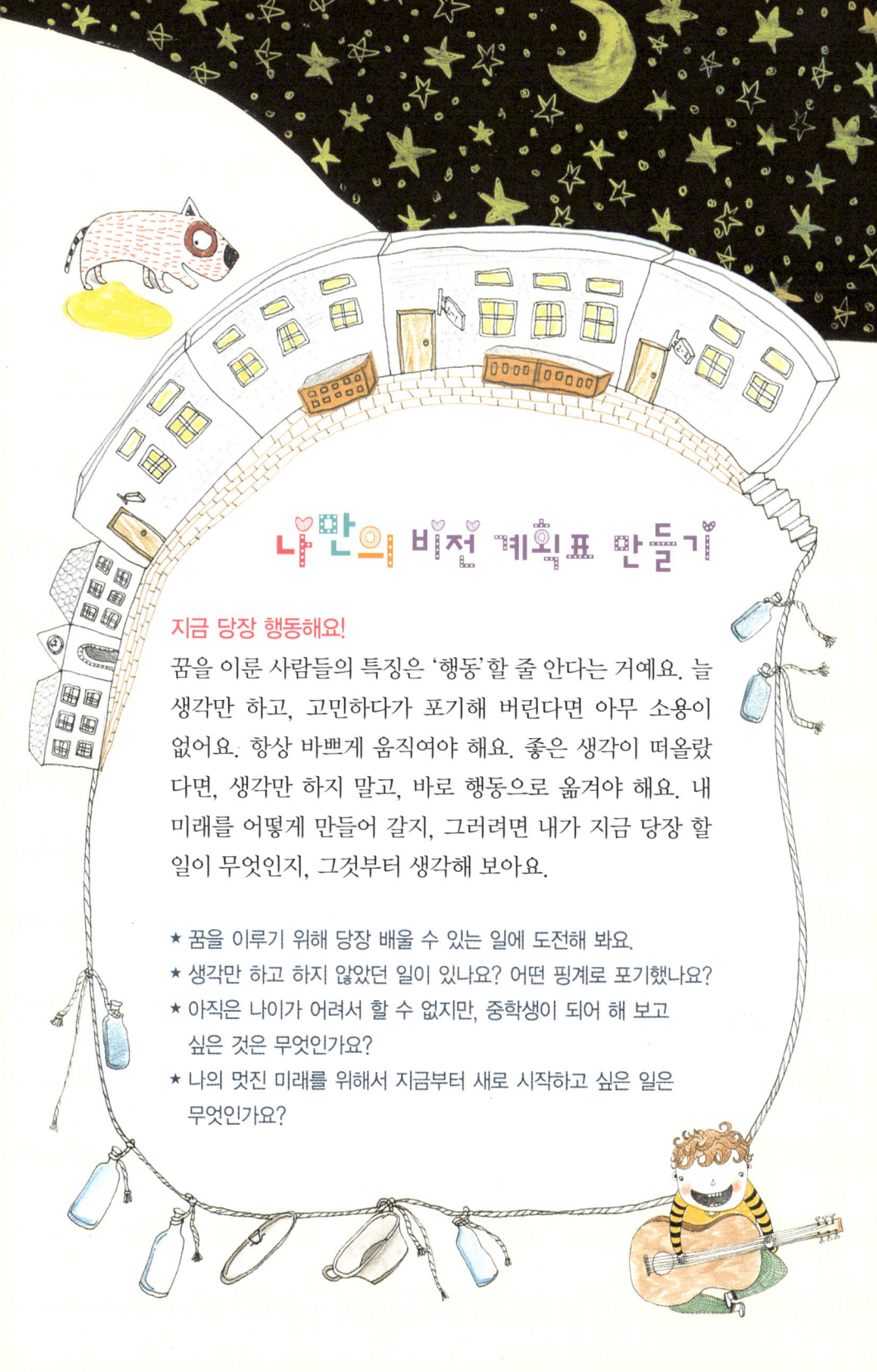

나만의 비전 계획표 만들기

지금 당장 행동해요!

꿈을 이룬 사람들의 특징은 '행동'할 줄 안다는 거예요. 늘 생각만 하고, 고민하다가 포기해 버린다면 아무 소용이 없어요. 항상 바쁘게 움직여야 해요. 좋은 생각이 떠올랐다면, 생각만 하지 말고, 바로 행동으로 옮겨야 해요. 내 미래를 어떻게 만들어 갈지, 그러려면 내가 지금 당장 할 일이 무엇인지, 그것부터 생각해 보아요.

★ 꿈을 이루기 위해 당장 배울 수 있는 일에 도전해 봐요.
★ 생각만 하고 하지 않았던 일이 있나요? 어떤 핑계로 포기했나요?
★ 아직은 나이가 어려서 할 수 없지만, 중학생이 되어 해 보고 싶은 것은 무엇인가요?
★ 나의 멋진 미래를 위해서 지금부터 새로 시작하고 싶은 일은 무엇인가요?

작가의 글

나의 별은 어디서 빛나고 있을까요?

  사람들은 누구나 행복하게 살고 싶어 합니다. 사람만 그런 건 아닐 겁니다. 동물도 식물도 우리가 잘 모르는 방법으로 행복해지려고 여러 가지 노력을 하는 게 틀림없습니다. 어떤 때 우리는 행복하다고 느끼게 될까요?

  땀이 나는 날 시원한 바람이 불어올 때, 예쁜 꽃이 핀 걸 보았을 때, 친구와 가족들이 날 사랑한다는 걸 알게 될 때, 힘들여서 만든 물건이 잘 완성될 때, 우리는 잠깐잠깐 행복하다고 느낍니다. 그런데 길게 오래오래 행복하려면 정말 자기가 하고 싶은 걸 하면서 사는 게 제일 좋다고 말들 합니다.

  어떻게 살면 행복한지 모두 알고는 있는데, 정말 자기가 하고 싶은 걸 하면서 사는 사람은 그렇게 많지 않습니다. 하고 싶은 건 따로 있는데 엉뚱한 일을 하면서 사느라고 힘들다고 투덜댑니다.

각 분야에서 성공한 분들은 어떻게 그런 성과를 거두었을까요? 그분들은 한눈팔지 않고 자기 길을 묵묵하게 걸어왔고, 온 정성을 다하여 자기 일을 사랑하고 더 잘하려고 온갖 노력을 한 분들입니다. 우리는 그런 분들의 삶을 부러워하고 그분들을 존경합니다. 그분들이 헤쳐 온 어려움과 노력을 귀하게 생각하기 때문입니다. 우리 모두 어떤 분야에서 훌륭한 일을 해낼 사람들입니다.

우리 어린이들의 별은 어디서 빛나고 있을까요? 어느 길로 가야 그 별에 닿을까요?

내가 정말 하고 싶은 걸 잘 찾아내는 것도 필요합니다. 그리고 그걸 하려면 어떤 준비가 필요한지도 알아야 합니다. 그 목표에 잘 도착하려면 꾸준하게 노력하는 오랜 시간도 필요합니다. 그래야 헤매지 않고 내가 하고 싶은 일을 잘 찾아서 멋지게 해낼 수 있습니다.

내가 좋아하는 일을 하면서 주위 사람들에게 작은 도움도 주면서 살아가는 어른이 되려는 어린이들에게 격려를 보냅니다. 자기 목표를 잘 세우고 꾸준하게 자기 갈 길로 나아가는 어린이들의 아름다운 미래를 축복합니다.

개나리 피는 탄천에서 임 정 진

어린이 자기계발동화 16
어린이를 위한 비전

초판 1쇄 발행 2009년 5월 25일   초판 15쇄 발행 2018년 7월 20일

글 임정진   그림 양은아   펴낸이 연준혁

출판 5분사 분사장 윤지현
책임편집 김숙영   디자인 전성연

펴낸곳 (주)위즈덤하우스 미디어그룹   출판등록 2000년 5월 23일 제13-1071호
제조국 대한민국   주소 경기도 고양시 일산동구 정발산로 43-20 센트럴프라자 6층
전화 (031)936-4000   팩스 (031)903-3891
전자우편 scola@wisdomhouse.co.kr   홈페이지 www.wisdomhouse.co.kr

ⓒ임정진, 2009
ISBN 978-89-6086-182-4 74800
ISBN 978-89-6086-081-0 (세트)

이 책은 저작권법에 따라 보호받는 저작물이므로 무단전재와 무단복제를 금지하며,
이 책 내용의 전부 또는 일부를 이용하려면 반드시 저작권자와 (주)위즈덤하우스 미디어그룹의 동의를 받아야 합니다.
* 잘못된 책은 바꿔 드립니다.   * 이 책의 사용 연령은 8~13세입니다.

국립중앙도서관 출판예정도서목록(CIP)

(어린이를 위한) 비전 : 목표를 이루는 힘 / 글 : 임정진 ; 그림 : 양
은아. – 서울 : 위즈덤하우스 미디어그룹, 2009
   p. ;   cm. -- (어린이 자기 계발 동화 ; 16)

ISBN 978-89-6086-182-4 74800 : ₩9000
ISBN 978-89-6086-081-0(세트)

자기 계발 [自己啓發]
아동훈 [兒童訓]

199-KDC4   CIP2009001439